Helmut Eße

W0359935

JETZT NICHT RAUCHER!

In 8 Schritten sicher mit dem Rauchen aufhören

inkl. bewährtem Umsetzungsplan

Copyright © 2022 – Helmut Eßer

Alle Rechte vorbehalten.

Die Rechte des hier verwendeten Textmaterials liegen ausdrücklich beim Verfasser. Eine Verbreitung oder Verwendung des Materials ist untersagt und bedarf in Ausnahmefällen der eindeutigen Zustimmung des Verfassers.

Inhaltsverzeichnis

Auch der weiteste Weg beginnt mit dem ersten Schritt.

– Konfuzius

Vorwort

Kein Nichtschwimmer springt morgens in den reißenden Fluss, weil er am Vorabend beschlossen hat, schwimmen zu können. Auch wenn er noch so motiviert ist, wird er zwangsläufig ertrinken. Aber Raucher beschließen, am nächsten Tag Nichtraucher zu sein, und scheitern kläglich. Es gibt natürlich die Ins-Wasser-springen-und-schwimmen-können-Talente genauso wie die Ich-hab-einfach-aufgehört-Talente. Schwimmen und Nichtrauchen sehen sehr einfach aus. Doch beides will gelernt sein, und je intensiver man vorher geübt hat, umso leichter fällt einem das Überleben im neuen Element.

Man wird nicht Nichtraucher, man macht sich zum Nichtraucher. Wenn du das wirklich begriffen hast, dann ist dieses Buch genau das Richtige für dich. Mehr ist erst einmal nicht zu sagen. Ich wünsche dir viel Erfolg und Spaß in deinem neuen Nichtraucherleben und mit diesem Buch!

Helmut Eßer

Lieber Leser,

um dir unnötige Zeit zu sparen, fasse ich all die Ratgeber zusammen, die auf dem Markt sind, und wie ein Raucher sie liest: Rauchen ist schlecht für die Gesundheit und die Ausdauer, bla, bla, Hautalterung, Krebs, bla, bla, bla ... weiß ich selber, bla, blubb, Kosten, soziale Ausgrenzung ... aber Helmut Schmidt wurde über neunzig.

Sind Nikotinabhängige oberflächliche Menschen, die einfach nichts dazulernen wollen? Nein, das sind sie ganz bestimmt nicht. Das große Problem sind diese nichtssagenden Ratgeber, die von Psychologen, Doktoren und Sozialarbeitern geschrieben wurden. Menschen, die nie eine Zigarette geraucht haben, aber das Suchtproblem anderer Leute lösen wollen, indem sie erzählen, wie schlimm und ungesund Rauchen ist. Das ist, als ermahnte man einen frisch verliebten 15-Jährigen, dass er lieber Mathe pauken soll, anstatt mit seiner Angebeteten baden zu gehen. Weil diese „Experten" nie geraucht haben, haben sie keinen blassen Schimmer, wie es wirklich um die Realität und das Leiden eines Rauchers bestellt ist.

Dafür wissen sie ganz genau, was sie dem Käufer versprechen müssen: Der Raucher kann passiv bleiben, da entweder „jemand" oder „etwas" ihn befreit – am besten mit einem einzigen Klick im Kopf. Ganz wichtig für den Verkauf ist auch die glatte Lüge, sie könnten dem Raucher die Sucht schnell und für immer wegzaubern. Leider verlangen Nikotinabhängige aber häufig genau diese Scharlatanerie. Viele Raucher sind maximal dazu bereit, ein Buch zu lesen oder sich ein YouTube-Video anzugucken. Aber dann muss das Video versprechen, dass man in neunzig Minuten Nichtraucher ist – sonst taugt das alles nichts.

Über mich, dich und das Buch. Das Buch, das du gerade in den Händen hältst, wurde von einem Raucher durch und durch geschrieben. Lies dir am besten kurz „Über den Autor“ am Ende des Buches durch. Ich kann wohl mit Fug und Recht behaupten, alle deine Sorgen, Nöte und Ängste, aber auch die ganzen dummen Rat- wie Fehlschläge zu kennen, die du so als Raucher im Laufe deiner Karriere durchmachen musstest. Einige Aussagen in diesem Buch werden dich an deine Grenzen des Glaubbaren bringen. Versuche, sie einfach mal als mögliche Wahrheit im Raum stehen zu lassen, statt sie direkt abzulehnen. Gehe in deinem Tempo vor. Du kannst dich entweder über drei oder vier Wochen langsam und genau vorbereiten und alle psychologischen Kniffe einstudieren, oder aber, wie viele vor dir auch schon, nach zehn Tagen deine letzte Zigarette rauchen und dann für immer von der Droge lassen. Du wirst hart an dir arbeiten und dich von der Illusion befreien, du wärst ein Raucher. Durch Persönlichkeitsentwicklung wirst du dein selbstbestimmtes Leben Stück für Stück zurückerobern.

Hilfe bei akuten Schmachtanfällen. Als Schmacht bezeichnet man ein starkes Rauchverlangen. Wenn du solch ein Rauchverlangen hast, dann nimm ein Kaugummi zur Beruhigung deiner Nerven oder ein Bonbon, weil Rauchen auch eine orale Befriedigungskomponente hat. Wenn du aus Stress rauchst, hilft es, einen Antistressball zu kneten oder ein paar tiefe Atemzüge zu tätigen. – Bitte was? Du liest immer noch weiter und hast das Buch noch nicht in die nächste Ecke gepfeffert? Warum nicht? Ich habe gerade totalen Bullshit abgelassen. Wahrscheinlich, weil du genau so einen Mist erwartet hast, der in diesen von Nichtrauchern geschriebenen Ratgebern steht. Nikotinsucht ist vergleichbar mit der Sucht bei harten Drogen. Wer das verharmlost, ist ein gefährlicher Lügner, und wer solche Tipps gibt, wenn du auf Entzug bist, ist ein Schwachkopf.

Also, was ist zu tun, wenn du aufgehört hast und der Schmacht dich überkommt? Die Frage ist grundlegend falsch. Schmacht ist das Symptom, Raucher sein die Ursache. Wenn du versuchst, das Rauchen damit zu bekämpfen, dass du das Symptom bekämpfst, ist das genauso erfolgversprechend, wie eine schwere Lungenentzündung damit zu behandeln, dass man nur oft genug Blut ins Taschentuch spuckt, aber weiter barfuß durch den Schnee läuft. Was zu tun ist, ist die Ursache des Schmachts zu bekämpfen, damit er erst gar nicht entsteht.

Dieses Buch bekämpft keine Symptome, sondern geht an die Wurzeln der Sucht. Natürlich ist es einfacher, nur den Strauch abzuschneiden. Aber wenn der Busch nicht nachwachsen soll, muss man sich die Mühe machen, die Wurzel auszugraben. Anders geht es nicht, tut mir leid. Dafür verspreche ich dir aber, du wirst kaum Schmacht haben, wenn du richtig mit diesem Buch arbeitest. Wenn du dann doch noch oft Schmacht haben solltest, ist das kein Symptom deiner Sucht, sondern dafür, dass du dich nicht ordentlich vorbereitet hast.

Jetzt prüfe erst einmal, ob dieses Buch das Richtige für dich ist. Beantworte dir bitte ehrlich die Frage, welcher der folgenden Typen du bist:

Typ 1: Du willst weder etwas tun noch möchtest du leiden. Du suchst diesen „Klick im Kopf", der dich vom Rauchen befreit. Wenn etwas in deinem Leben nicht gelingt, findest du schnell heraus, wer daran schuld ist.

Typ 2: Du bist enttäuscht von Büchern, die „Rauchen aufhören in 8 Minuten" oder so ähnlich lauten, und glaubst nicht an Tipps und Tricks, die dich sofort von der Sucht befreien. Dir ist bewusst, dass du in den nächsten Wochen viel Energie und Zeit für ein – im wahrsten Sinne des Wortes – lebenswichtiges Projekt opfern musst, du um deine Freiheit kämpfen wirst und sich deine Persönlichkeit weiterentwickeln wird.

Du bist Typ 1? Es gibt natürlich Zauberwörter und geheime Weisheiten, die „Klick" machen, und man ist sofort Nichtraucher. Diese werden unter schamanischen Heilern von Generation zu Generation mündlich überliefert. Ich habe 1992 in einer Einweihungszeremonie in einem kleinen Dorf nahe der mexikanischen Grenze einen dieser mächtigen Zauber erhalten und bin sehr stolz, ihn weitergeben zu dürfen. Aufpassen, es geht los: Stell dich mit beiden Füßen fest geerdet in die Mitte des Raumes und schlage die Fersen dreimal zusammen, so wie Judy Garland im Zauberer von Oz. Wiederhole dabei jedes Mal: „Ich will wieder nach Hause." – Ach nein, das müssen wir ja ein wenig umändern. Also: „Ich will wieder Nichtraucher sein. Ich will wieder Nichtraucher sein, ich will …" Jetzt tieeeeef durchatmen … uuuhuund … Klick! Glückwunsch, du bist ab sofort Nichtraucher! – Wie bitte? Das hat nicht funktioniert? Stimmt leider. Es gibt keine Zaubersprüche und keine Pillen, die dich befreien, sondern nur eine bittere Pille, die du besser gleich schluckst: Sich wünschen, Nichtraucher zu werden, reicht nicht aus – Nichtraucher sein ist eine aktive Handlung, an der du arbeiten musst! Wenn du dazu nicht bereit bist, ist dieses Buch leider nichts für dich.

Du bist Typ 2? Du übernimmst Verantwortung für dich und dein Leben. Du bist kein passives Opfer der Umstände, das auf Erlösung wartet, sondern aktiver Gestalter. Wache aus einem Albtraum auf und freunde dich mit folgender Realität an: Du kannst nicht Nichtraucher werden – weil du es schon bist. Du hast es nur vergessen. So wie die Maschinen in dem Film Matrix der Menschheit eine falsche Realität vorgaukeln, glaubst du, dass du Raucher bist. Von dieser Lüge wirst du dich im Laufe dieses Buches befreien und dich von dem Raucher in dir verabschieden. Jetzt beantworte dir noch zwei Fragen, bevor wir loslegen: 1. Hast du den Mut und die Entschlossenheit, dich in dein Leben zurückzukämpfen, und bist du bereit, auch mal die Zähne zusammenzubeißen? 2. Jetzt?

Schritt 1

Glaube an dich selbst

Stolz und Eigenlob. Wenn du dein Leben ändern willst, musst du dein Verhalten, deine Gedanken und deine innere Einstellung ändern. Bestimme selbst, was du isst, trinkst, denkst, fühlst, tust oder sagst. Lass es nicht zu, von Zigaretten abhängig zu sein. Lobe dich für alles, was dir besonders elegant gelungen ist. Wer nur starr auf das Ende schaut und die Zwischenetappen nicht als die großartigen Erfolge anerkennt, die sie sind, verliert schnell den Mut und die Motivation. Du kannst auf jede Minute, die du eine Zigarette hinauszögern kannst, genauso stolz sein wie auf jede gewonnene Erkenntnis über dich und das Leben. Dies sind die Schritte zum Nichtraucher.

Höre kurz auf zu lesen und klopfe dir auf die Schulter, lobe dich, fühle Glück und Stolz.

Verliere nicht das große Ziel aus den Augen. Fokussiere alle Kraft, Konzentration und Aufmerksamkeit jeweils auf den nächsten Schritt. So, wie man keinen Atemzug auslassen kann, kann man keinen Schritt auslassen. Der nächste Atemzug ist der nächste Atemzug, egal wie lange man dazwischen die Luft anhält. Ohne den nächsten Atemzug endet das Leben, und ohne den nächsten Schritt endet der Weg. Mache den anstehenden nächsten Schritt immer so kraftvoll und konzentriert wie möglich. Wenn du mal stolperst, müde wirst oder gar hinfällst, dann ist das keine Niederlage, sondern ein Stolpern, Hinfallen oder Müdesein – mehr nicht. Wenn andere den Berg schneller oder einfacher erlangen, dann lächle, freue dich für sie und gehe dann deinen nächsten Schritt. Langsam, kraftvoll, bewusst. Drehe dich ab und an um und reflektiere, was du schon erreicht hast. Vermeide Fehler aus der Vergangenheit und setze das, was dir geholfen hat, verstärkt ein.

Selbstliebe und Selbstachtung. Nimm dich so an, wie du bist. Liebe und akzeptiere dich vollkommen, mit allen Fehlern, Ängsten und Sorgen. Sei geduldig mit dir und überfordere dich nicht. Du bist das Kind, das Radfahren lernt. Ihm helfen positive Verstärkungen mehr als destruktive, herabwürdigende Kritik. Ein „Hoppala, das war bis jetzt ja schon sehr gut" ist besser als ein „Nein, du bist unfähig, das schaffst du nie". Auch angeschlagene Knie tun weniger weh, wenn man darauf pustet.

Anstatt sich zu motivieren, machen sich viele Leute selbst fertig. Sie treten sogar noch nach, wenn sie auf dem Boden liegen. Tu das nicht, sondern baue dich auf, wenn alles in dir zerbricht. Sprich dir selbst Mut zu, wenn er gerade schwindet. Liebe dich, wenn du gerade an deine Grenzen stößt und nur noch schreien oder heulen möchtest. Tröste dich, wenn es dir schlecht geht. Lasse niemals zu, dass du dich selbst fertigmachst. Rede und denke nie, nie, nie (!) schlecht über dich – weder zu anderen noch zu dir selbst und auch nicht beim Prozess, den Raucher abzulegen, oder sonst irgendwann in irgendeiner Situation in deinem Leben. Nie!

Humor. Sich in Stress hineinsteigern ist wie in einen tiefen Brunnen hinabsteigen. Je tiefer du den „Stressbrunnen" hinuntersteigst, umso dunkler wird es um dich herum und umso weniger Auswegmöglichkeiten siehst du. Dadurch wird dein Handlungsspielraum begrenzter und der Aufstieg schwieriger. Durch diesen Tunnelblick sehen wir keine Lösungen und keinen Ausweg, sondern nehmen alles so unglaublich ernst, dass es schon lächerlich wirkt. Wenn wir unter Stress stehen, sind wir voll mit Kampfhormonen, durch die wir uns nur auf den Stressauslöser und uns selbst fixieren. Unser Großhirn, welches für kreative Lösungen zuständig ist, schaltet sich aus und das historisch viel ältere Reptiliengehirn, ein exzellenter Hau-drauf-Kämpfer, übernimmt die Führung.

Um in einen Panikmodus zu gelangen, braucht es keinen Godzilla, der durch die Straßen Tokios jagt, keinen Mann mit einem Messer hinter dem Duschvorhang und auch kein verdächtiges Geräusch aus dem Lüftungsschacht eines Raumfrachters, auf dem man der entbehrliche dritte Mechaniker ist. Es genügen ganz alltägliche Situationen. Für den einen reicht schon der Bus, der nicht kommt. Beim anderen ist es das Rendezvous, welches auf sich warten lässt. Wieder andere bleiben auch bei einer Operation am offenen Herzen seelenruhig, wenn die Narkose nachlässt. Die Meister in Gelassenheit sind natürlich diejenigen, die in dem Moment der Patient sind.

Indem wir innerlich Abstand von solchen Situationen nehmen, können wir unser Großhirn wieder einschalten. Der Raucher greift dazu gerne zur Zigarette, die einen Nebel um ihn herum errichtet und gleichzeitig ein Zeitfenster generiert, in dem er in Ruhe nachdenken kann. Allein das Ritual „Zigarette anmachen“ ist der Schalter, der dem Großhirn wieder die Kontrolle zurückgibt. Besser ist es aber, Humor einzusetzen. Humor nimmt den Umständen ihre Schärfe und gibt wieder den Blick auf die Realität frei, die meistens gar nicht so schlimm ist, wie es das Reptiliengehirn wahrnimmt. Eine Prise Humor hilft, sich aus vielen blöden Situationen zu befreien.

Erinnere dich daran, wie absurd es doch eigentlich ist, sich aufzuregen, und lache über dich selbst. Übertreibe und karikiere dich. Fördere deine humorvolle Sicht auf die Dinge der Welt und lache über dich so oft es geht. Lach über dich, wenn es in dir gerade brüllt, es würde dich zerreißen. Gehe innerlich einen Schritt zurück und beobachte dich selbst. Sieh dich dann als Karikatur mit dampfenden Ohren und tomatenrotem Kopf, der auf und ab hüpft wie ein Gummiball. Nimm dich einfach selbst nicht so bierernst.

Motivation und Ziele. Der Duden definiert Motivation unter anderem mit „Bewegründe“. Motivation geht jeder Handlung voraus. Dabei gilt: Je größer die Anstrengung, umso mehr Motivation braucht es. Ohne den Wunsch, etwas aus dem Regal haben zu wollen, würdest du deinen Arm nicht heben. Ist der Gegenstand im Regal schwer oder weit oben, muss die Motivation umso größer sein. Wer mit dem Rauchen aufhören will, braucht deswegen eine sehr starke Motivation. Überwiegt später der Beweggrund „Sucht“ deine ursprüngliche Motivation, ist die Gefahr eines Rückfalls enorm hoch.

Fasse nun in einem Satz zusammen, warum du aufhören willst zu rauchen:

Ich will mit dem Rauchen aufhören, weil …

ich gesund leben möchte, und Lila ein Vorbild sein will. Das Rauchen tut mir nicht gut, ich merke es jeden Tag.

Möchte man aus Angst vor negativen Folgen mit dem Rauchen aufhören, also aus Druck, ist das schon ganz gut. Jedoch ist Druck ein eher schlechter Motivator. Druck kommt von oben und ist belastend. Denke an Begriffe wie „Unterdrückung" oder „bedrückt sein". Das Gegenteil von Druck ist Sog. Sog bedeutet Anziehung, und „anziehend" assoziieren wir mit Leichtigkeit und Hoffnung.

So hat zum Beispiel der Gefängnisausbrecher genug Motivation, um die ersten Kilometer zu rennen. Wenn er jedoch weder ein Ziel noch weitere Pläne hat, hält diese Motivation nicht lange vor. Erst wird er langsamer und schließlich gibt er auf. Wäre sein Ziel eine Südseeinsel mit Vollpension und Delfinschwimmen, wo seine Liebste mit exotischen Cocktails auf ihn wartet, und wüsste er genau den Weg und wie lange es dauert, würde er wohl nie aufgeben, denn:

1. Er hat ein Ziel, für das es sich lohnt zu rennen.
2. Er weiß, wie er es erreicht.
3. Er weiß, wie lange es dauert, bis er es erreicht.

Je bedeutender und präziser das Ziel ist, desto mehr Motivation hat man, um auch schwierige Phasen zu ertragen. Ein großes Ziel mobilisiert ungeahnte Kräfte und hat eine beinahe magische Anziehungskraft gegenüber externer Hilfe. Selbst wenn unser Gefängnisausbrecher am Ende seiner Flucht nicht alles bekommt, was er sich ersehnt hat, so hat ihm sein Traum dennoch geholfen, Kräfte zu mobilisieren.

Habe bei der nächsten Aufgabe den Mut, ein wenig zu träumen. Achte dabei auf deine Worte. Sage immer, was du willst, und nie, was du nicht willst. Wenn du eine Zugfahrkarte kaufst, sagst du ja auch nicht: „Eine Zugfahrkarte von hier weg“, denn „von hier weg“ kann viel sein. Du verlangst eine Zugfahrkarte nach XY. Nur so kommst du auch da an, wo du wirklich hinwillst. Kaufst du eine Karte nach Hamburg, wirst du in Hamburg landen. Aber du brauchst noch eine Straße und eine Hausnummer. Noch genauer wäre es, wenn du einen Namen kennst, wo du klingeln wirst, und weißt, was du dort machen willst. Je präziser du dein Ziel definierst, umso genauer wirst du es erreichen.

Definiere nun noch einmal zwei präzise Gründe, warum du mit dem Rauchen aufhören willst:

1. ich möchte mit dem Rauchen aufhören weil ich meiner Tocher ein Vorbild sein möchte, und sie ihr Leben lang begleiten will.
- ich möchte einen Gesunden Körper, der mit

2. dem Universum, dem spirituellen im Einklang ist, und um mich weiterzu entwickeln und meine alten Verhaltensmuster nach und nach hinter mir lassen wolle.

Intrinsische und extrinsische Ziele. Hattest du jemals das Gefühl, der Mathetest würde dein Leben bereichern? Hattest du Lust, für diesen Test zu büffeln, während die Freunde ins Freibad gehen? Nein? Das ist ein typisches Beispiel für ein extrinsisches Ziel. Extrinsische Ziele werden aufgestülpt und im besten Falle mit lauen Motivationskrücken bestückt. Auch die Belohnung für eine gute Note ist eher eine Krücke als eine richtige Motivation, wobei die Aussicht auf eine individuell abgestimmte Belohnung schon in die richtige Richtung geht. In dem Fall ist zwar nicht die Aufgabe intrinsisch, die es zu bewältigen gilt, wohl aber die Belohnung.

Welche übermenschlichen Kräfte intrinsische Motivation auslösen kann, weiß jeder, der Kinder großgezogen hat. Nacht für Nacht sind wir für sie da und über Monate bleiben uns nur wenige Stunden Schlaf. Im Nachhinein wundern wir uns, wie wir die unmenschliche Anstrengung überleben konnten. Intrinsische Motivation überwindet alle Grenzen, psychische wie physische.

Der Kampf, dem du dich demnächst stellen wirst, bringt dich wahrscheinlich weit über diese Grenzen hinaus. Sorge also für eine starke intrinsische Motivation, die dir übermenschliche Kraft verleiht. Willst du fit sein? Schwebt dir ein gesundes Leben vor? Möchtest du mit deinen Kindern und Enkelkindern rumtollen und auf Bäume klettern, eine Reise erleben, einen Berg besteigen? Sind deine Ziele kräftig genug, einer Zigarette standzuhalten? So, wie der Elektromagnet Energie braucht, um seine Anziehungskraft zu entfalten, brauchen auch deine Ziele Energie. Diese Energie heißt Gefühl. Gib ein freudiges Gefühl in deine Ziele hinein.

Schreibe nun drei Ziele auf, die dich wirklich begeistern.

1. Für Mila eine normale Mama sein, ohne zu Rauchen. Mit ihr zu spielen, mit ihr voller Tatendrang aufzustehen, und mit ihr den Tag zu gestalten

2. Gesund zu sein, ohne Husten, ohne brennenden Hals, ohne Müdigkeit und Abgeschlagenheit, ohne Kopfschmerzen => einfach Fit und Gesund

3. Spirituell zu wachsen ohne meine Sinne zu benebeln, Sport zu machen und meine Ziele ohne Ablenkung und ohne Zurückhaltung erleben & erreichen

Glaubenssätze. Ein Glaubenssatz ist, wie der Name schon sagt, ein in Worte gefasster tiefer Glaube über das Leben im Allgemeinen und über sich selbst. Da so mancher destruktive Glaube für selbstverständlich gehalten wird, bleibt er unsichtbar und kann großes Unheil anrichten. Jeder Mensch trägt unendlich viele unsichtbare Glaubenssätze mit sich rum. Vielleicht erkennst du die eine oder andere Person wieder: die, der alles in den Schoß fällt, oder die, die nie wirklich Erfolg hat, so sehr sie sich auch anstrengt. Auf die Frage über das Leben werden sie in etwa so antworten: Person A sagt: „Ach, ich finde, das Leben schenkt einem einfach alles, was man braucht", während Person B angibt, missmutig mit dem Leben zu hadern.

Selbst wenn beide die gleichen Grundvoraussetzungen wie Freiheit, Job, Bildung und Gesundheit haben, verläuft deren Leben unterschiedlich. Maßgeblich daran beteiligt, ob etwas gelingt oder nicht, sind Glaubenssätze. Ein positiver Glaubenssatz ist ein unermesslicher Segen, der dir alle Türen öffnet, während ein negativer Glaubenssatz ein mächtiger Fluch ist, der – solange er verborgen ist – das Leben unablässig bekämpft. Solange du glaubst, ohne Zigarette fehlt es an Lebensqualität, Entspannung, Freude, Sicherheit und so weiter, wirst du nur sehr schwer Nichtraucher sein, werden oder bleiben können. Wie kannst du Nichtraucher sein, wenn du doch noch an dem Gedanken festhältst, du wärst ein Raucher? Für nachhaltigen Erfolg reicht es nicht, nur den Körper zu entgiften. Auch dein Geist muss von toxischen und suchterhaltenden Gedanken befreit werden.

Zweifel. Deine Zweifel sind wahrscheinlich Glaubenssätze.

Schreibe deine Zweifel einmal auf die linke Seite und vervollständige die Liste, wenn dir noch mehr einfällt. Es können auch ganz allgemeine Dinge sein, die du über dich denkst, wie zum Beispiel: „Mir gelingt eh nie was", „Mir fehlt einfach die Willenskraft", „Das Leben ist ein Kampf, schwer, doof und so weiter". Auf die rechte Seite schreibst du die gegenteilige Annahme.

Rauchen aufhören ist schwierig	*Aufhören ist schwierig, ja, aber nicht für mich*
Ich bin zu schwach	*Ich bin stark und gut vorbereitet*
Ich habe noch nie durchgehalten	*Ich mach es einfach*
Rauchen ist eigentlich schon toll	*Ich rauche nicht, weil es mich anekelt*
Ich habe kein Durchhaltevermögen	ich mache es einfach
ich schaffe es nicht	ich schaffe es
Die Entzugserscheinungen sind zu stark	Es gibt Entzugserscheinungen, aber sie sind schwach

mein Kopf verlangt immer nach einer Zigarette

mein Körper braucht keine Zigarette

ich habe Angst das dieses Buch keine Wirkung zeigt

Glaubenssätze entlarven. Solange man seine Glaubenssätze als unumstößliche Wahrheit ansieht, kann man sie nicht auflösen. Die Übung der vier Fragen von Byron Katie hilft dir herauszufinden, ob deine Gedanken wahr oder nur ein Glaubenssatz sind. Nehmen wir zum Beispiel den Glaubenssatz „Mir gelingt nie etwas“:

1. Ist die Annahme richtig, also stimmt es, dass mir nie etwas gelingt?
2. Ist der Gedanke wirklich wahr? Trifft meine Annahme, dass mir noch nie etwas gelungen ist, immer und in jeder Lebenslage zu hundert Prozent in allen Zeiten zu? Ist das, was ich da denke, ein Naturgesetz wie die Schwerkraft? Weiß ich das mit absoluter Sicherheit?
3. Was passiert in meinem Leben, wenn ich weiterhin so denke? Wie sähe die Welt aus, wenn alle so denken würden?
4. Wie sähe mein Leben aus, wenn der positiv gedrehte Satz aus der rechten Spalte die Wahrheit wäre und alle so denken würden? Wäre es nicht viel einfacher, wenn man die rechte Seite der Aussagen als seine Wahrheit ansehen könnte?

Setze so viel Gefühl ein, wie es dir möglich ist. Ertappst du dich dabei, „falsch“ gedacht zu haben, kannst du den neuen Satz sofort „installieren“. Je nachdem, wie tief ein Glaubenssatz in dir verankert ist, kannst du ihn mal schneller ablegen und mal braucht es mehr Zeit. Es gibt viele weitere Techniken, wie man Glaubenssätze verändert. Wenn ich dich neugierig gemacht habe und du dich mit

Glaubenssätzen auseinandersetzen möchtest, dann tu das. Es ist eine wunderbare Bereicherung im Leben.

Einem jedem Anfang wohnt ein Zauber inne. Henry Ford sagte einmal sinngemäß, dass das Gelingen eines Projekts davon abhängt, ob man daran glaubt oder nicht. Wenn du nicht daran glaubst, dass etwas möglich ist, welches Ergebnis erwartest du dann? Wenn du jedoch voller Zuversicht an eine Sache herangehst, dann zieht diese Zuversicht den Erfolg magisch an. Derjenige, der fest an sein Ziel glaubt, gibt nicht auf und sucht sich bei auftretenden Schwierigkeiten Beistand. Glauben ist eine Kraft, die man nicht unterschätzen sollte.

Willenskraft. „Ich habe einfach aufgehört, man muss es nur wollen.“ – Nichts ist falscher als diese Aussage. Nein, nein, nein und nochmals nein! Man überwindet Nikotinsucht nicht allein durch Willenskraft. Aber so falsch diese Aussage ist, so richtig ist der Umkehrschluss. Wer nicht den tiefen Willen und das Verlangen hegt, endlich Schluss zu machen, wird scheitern.

> ***“Mit Willen allein funktioniert es nicht. Aber ohne Willen auch nicht.”***

Willenskraft ist tatsächlich wie ein Muskel. Man kann weder einen Muskel dauerhaft angespannt lassen noch den festen Willen permanent aufrechterhalten. Probiert man es dennoch, wird es wortwörtlich krampfhaft und verbissen – im Muskel wie im Kopf. Aber Kraft steckt keine mehr dahinter. Einen Berggipfel erreicht man nicht durch

Wollen, sondern durch Gehen. Einen Gipfel besteigt man genauso wenig ohne Training und Wissen, wie man nicht einfach mal so aufhören kann zu rauchen. Natürlich bestätigen auch hier die Ausnahmetalente wieder einmal die Regel.

Ebenso wie der Muskel Pausen zur Erholung braucht, braucht auch der Wille Erholungspausen. Die Zeiten, in denen der Wille Pause macht, sind aber sehr gefährliche Rückfallmomente.

Schritt 2

Befreie dich von der Sucht

In der psychotherapeutischen Praxis unterscheidet man zwischen der Schluss-Punkt- und der Reduzier-Methode. Die Schluss-Punkt-Methode wird in der Wissenschaft gegenüber der Reduzier-Methode bevorzugt.

Wir verbinden die Vorteile beider Methoden zu einer einzigen. Ein großer Vorteil des Reduzierens ist, dass du weißt, was in dir passiert, wie du dich gegen den Schmacht abhärtest und welche Gefühle in dir hochkommen. Du weißt, welche Technik aus diesem Buch dir jeweils am besten hilft, und stärkst ganz nebenbei dein Selbstbewusstsein. Wenn du eine Zigarette anfänglich nur zehn Minuten hinauszögern kannst, ist das völlig in Ordnung. Du trainierst schließlich nur das Aufhören. Außerdem reduzierst du deinen Nikotinspiegel im Blut. Kurz gesagt: Du musst nicht vom Fünfmeterbrett ins eiskalte Wasser springen, sondern am Warmbadetag vom Beckenrand.

Reduziere ab sofort deinen Zigarettenkonsum. Wenn du eine rauchen „musst“, dann halte die anstehende Zigarette so lange zurück, wie du es aushältst, und erlebe bewusst, was in dir vorgeht. Achte sowohl auf deine körperlichen Symptome als auch auf deine Gedanken und Gefühle. Sei

… für sie, selbst wenn sie unangenehm sind. Trainiere die Techniken aus diesem Buch und erinnere dich an deine Erkenntnisse. Lerne und schreibe auf, was dir hilft. Ich ermahne dich noch einmal eindringlich, mit dir wie mit einem kleinen Kind umzugehen. Du brauchst Motivation und Lob, keine destruktiven Selbstvorwürfe.

Who is who? Mache dir bewusst, dass jede Zigarette für etwas steht oder sogar einen Zweck erfüllt. Natürlich gibt es etliche vorgeschobene Gründe, eine zu rauchen. Wenn man diese Gründe aber mal genauer betrachtet und das Für und Wider abwägt, erkennt man, wie blödsinnig sie doch sind.

Mach dir für eine Woche Tageskarten und kategorisiere jede Zigarette, die du in den nächsten sieben Tagen rauchst. Rauchst du gerade …

A die Stress und Ärger unterdrückende Zigarette?

B die positiv-verstärkende oder Zugehörigkeitskippe?

C die langweilige, auch als Pausenclown oder Gewohnheitstier bekannte Zigarette?

D die völlig unnötige Zigarette?

Kleiner Tipp: Es ist eigentlich immer Zigarette D. Aber das wirst du in wenigen Wochen selbst spüren. Ein Beispiel:

Ort	Küche	Raucherecke
Uhrzeit	6:30	10:30
Tätigkeit	Kaffeetrinken	Quatschen
Anwesende Personen	allein	Kollegen
Stimmung	müde, lustlos	entspannt
Anzahl der Zigaretten	2	2
Grund	C (D?)	B (D?)

Im Jahr 2007 untersuchten ein Professor Mühlig und sein Team am Institut für Klinische Psychologie und Psychotherapie der Technischen Universität Dresden und am Münchner Max-Planck-Institut für Psychiatrie das Abhängigkeitspotenzial von Nikotin und anderen Drogen beim Menschen unter realen Bedingungen. Sie kamen zu folgendem Ergebnis:

- **Fakt 1:** Tabakrauch stellt durch das Nikotin in Verbindung mit anderen Stoffen eine der am schnellsten süchtig machenden Substanzen dar.

- **Fakt 2:** Das Abhängigkeitspotenzial des Nikotins ist sogar noch stärker als bei Heroin und anderen harten Drogen.

Im Gegensatz zum Entzug von Heroin, Alkohol oder Kokain ist der körperliche Entzug von Nikotin als lächerlich zu betrachten. Dennoch wurde in etlichen Studien bestätigt, dass man rasend schnell von Nikotin abhängig wird und dann umso schwerer wieder davon wegkommt. Obwohl es kaum einen Raucher gibt, der sich nicht irgendwann von dieser elenden Sucht befreien wollte, schaffen es nur ganz wenige. Warum ist das so?

Es gibt keinen sozialen Druck, da Rauchen letztendlich als massentauglich und sozial verträglich gilt. Die Droge ist jederzeit legal erhältlich und zwar teuer, aber bezahlbar, sodass es keinen sozialen Abstieg gibt. Während ein Heroinabhängiger als krimineller Junkie gilt, der sein Leben nicht mehr auf die Kette kriegt (was oft leider auch der Wahrheit entspricht), ist ein Raucher dagegen ein Mensch, der ganz normal sein Leben lebt. Egal wie viel man raucht, es gibt keinen Kontrollverlust wie beispielsweise beim Alkohol, keinen Knock-out wie bei Heroin und keine halluzinogene Wirkung wie bei LSD. Es putscht auch nicht auf wie Amphetamin oder Kokain. Man kann sich die Droge zu jeder Zeit in aller Öffentlichkeit zuführen. Neben der – im Gegensatz zu anderen Drogen – eigentlich kaum vorhandenen Wirkung hat Tabak auch vorerst keine großen Nebenwirkungen.

Die körperlichen Langzeitfolgen sind allerdings dramatisch. Aber wenn sie in Erscheinung treten, ist es meistens zu spät für eine Genesung. Leider ist der Entzug erst einmal schmerzhaft und qualvoll, während nur ein einziger Zug an der Zigarette sofort von all diesen Entzugserscheinungen befreit. So schmerzhaft und leidvoll einem der Entzug vorkommt, so verhält sich diese Qual – im Gegensatz zum

Endstadium einer COPD oder eines Lungenkrebses – doch eher wie ein Wellnessurlaub auf den Malediven. Überleg dir einfach, welche Qualen du erleiden möchtest, und wäge ab.

Obwohl die Droge keine deutliche Wirkung hat und man sie beinahe überall erhält, kommt man schier nicht von ihr los. Denn all das trifft ja nun auch auf Gummibärchen zu, oder etwa nicht? Rauchen ist eine ernst zu nehmende und schwere Abhängigkeit von einer letztendlich tödlichen Substanz und auf keinen Fall nur eine Angewohnheit. Auf diese – ich benutze das Wort bewusst – dumme Verharmlosung können nur Nichtraucher kommen. Du wirst im Laufe des Buches noch feststellen, dass die Zigarette beinahe jede einzelne deiner Handlungen und deine Gefühlswelt nicht nur beeinflusst, sondern sogar bestimmt. Deswegen können wir auch nicht mit einem einzigen Trick arbeiten oder nur eine Idee umsetzen, sondern müssen die Sucht vielfältig und vor allen Dingen nachhaltig bekämpfen.

Die enorm starke Wirkung und die extrem unangenehmen Entzugserscheinungen des Heroins machen seinen Entzug so schwierig. Deswegen sagt man „Heroinentzug“ und nicht lapidar „Ich höre mit dem Fixen auf“. Beim Rauchstopp dagegen ist das ganze Drumherum – die Rituale und Glaubenssätze, die sich mit den Jahren über das Rauchen angesammelt haben – die eigentliche Gefahr. Deswegen sagt man auch nicht „Ich mache einen Nikotinentzug“, sondern „Ich höre mit dem Rauchen auf“.

Ist ein Raucher nur nikotinabhängig? Man unterscheidet zwischen der substanzgebundenen und der substanzungebundenen Abhängigkeit. Erstere ist leicht und schnell erklärt: Man ist von einer Substanz abhängig. Fertig. Der substanzungebundene Süchtige dagegen erhält seinen Kick durch Rituale und Handlungen. Das kann zum Beispiel Sport oder Tanzen sein. Aber leider zählen auch viele der Rituale, die du im Laufe deines Lebens mit dem Rauchen verbunden hast, zur substanzungebundenen Sucht. So hart der Entzug vom Nikotin auch erscheinen mag: Die substanzungebundene Sucht des Rauchens, macht die wirklichen Probleme. Der substanzgebundene Entzug tritt in Erscheinung, sobald du aufhörst zu rauchen. Weil den Nerven Nikotin fehlt, ist die Welt direkter, schneller, lauter und irgendwie auch aggressiver. Plötzlich nervt jeder und alles. Kurz gesagt, die Nerven liegen blank.

Was ist passiert? Machen wir eine kleine Exkursion in deinen Kopf: Erinnere dich an deine erste Zigarette. Die hat dich bestimmt arg betäubt, dir war schwindelig und sogar schlecht. Aber nachdem alles vorüber war, wolltest du wieder eine rauchen. Zwar nicht direkt und auch nicht zwei Stunden später, aber es ließ dich seit der ersten Zigarette irgendwie nicht mehr los. In dem Moment, als Nikotin zum ersten Mal auf deine noch jungfräulichen Nerven traf, löste es nicht nur diese Explosion aus, sondern verwandelte die in sich ruhenden und mit sich zufriedenen Nerven in nervöse und zittrige kleine Suchthaufen. Lapidar ausgedrückt: Nikotin macht die Nerven kaputt. Dabei ist es gleichzeitig das Mittel der Wahl, damit man nicht spürt, dass sie kaputt sind. Was passiert nun, wenn man den Nerven ihr Nikotin nicht mehr gibt? Nikotinentzug bedeutet für die Nervenzellen hochgradigen Stress. Es werden Flucht- und Kampfhormone ausgeschüttet. Diese versetzen den Körper in Alarmbereitschaft und erhöhen die Konzentration auf die Umwelt, was zur Folge hat, dass alles, wie oben schon beschrieben, viel direkter und lauter wahrgenommen wird.

Gehen wir zurück in die Säbelzahntigerzeit: Wer im Dschungel etwas im Busch wittert, ist sofort in Alarmbereitschaft. In solchen lebensbedrohlichen Situationen sind Erregung und extreme Reizbarkeit überlebenswichtig. Damit alle Sinne geschärft werden, produzieren die Nebenniere und weitere Organe schlagartig Adrenalin und weitere Kampfhormone. Da auch Kleinigkeiten über Leben und Tod entscheiden können, erhalten auch sie eine überhöhte Aufmerksamkeit. *Alles* wird in einer Gefahrensituation viel intensiver und vor allen Dingen ungefiltert wahrgenommen. Die Zeit vergeht langsamer, der Puls rast. Diesem Stress in Reinform erliegen Raucher, wenn die Droge Nikotin die Nerven nicht mehr ruhigstellt.

Wie kommst du aus dieser Situation heraus? Ganz einfach und schnell geht es natürlich mit Nikotin. Nikotin ist der nette Fremde, der dir die rettende Hand hinhält, wenn du in einem Strudel aus Angst und Panik unterzugehen drohst. Nur dumm, dass du vergessen hast, dass genau dieser Fremde es war, der dich vorher dort hineingeworfen hat.

Du bekommst später im Buch noch einige Tricks gezeigt, wie du mit diesen Momenten umgehen kannst. Aber egal was passiert, merke dir immer:

1. Du schwebst nicht in Lebensgefahr.
2. Dein Zustand beruht auf keiner Tatsache.
3. Er geht vorbei.
4. Nikotin ist das Problem, nicht die Lösung.

Wut ist eine natürliche und sinnvolle Reaktion auf Gefahr, da sie Kräfte für einen eventuell anstehenden Kampf generiert – sei es nun gegen den berühmten Steinzeittiger mit seinem ollen Säbelzahn oder gegen den armen Kerl, der gerade dumm im Weg steht und nun Gefahr läuft, deinen Wutausbruch ertragen zu müssen. Wut, weil du schon seit zwanzig Minuten – zwanzig eeeewig langen Minuten – auf Entzug bist. Jetzt reicht ein einziger Blick von diesem armen Tropf und du explodierst. Du bist danach zwar erleichtert, aber das Problem des Entzugs bleibt bestehen. Und so kann sich der nächste arme Schlumpf schon mal warm anziehen. Es sei denn, er hat eine Zigarette für dich, dann ist er dein Freund fürs Leben.

Natürlich muss sich die Aggression nicht gegen die Umwelt richten. Man kann sie auch brav für sich behalten, im wahrsten Sinne des Wortes. Das nennt sich dann Autoaggression, die zur Folge hat, dass man statt anderen sich selbst mit seiner schlechten Laune auf den Zeiger geht. Obwohl die Schmachtattacke nicht lebensbedrohlich ist und nur wenige Minuten anhält, ist sie eine der Hauptursachen für den Rückfall. Wenn dich der Schmacht überkommt, erinnere dich an diese falsche Illusion des Nikotins. Deine Rettungszigarette ist ein Revolver, den du dir an die Schläfe hältst und abdrückst. Auch er wird dich sofort von allen Schmerzen befreien. Ich kann dir dafür die Kudzu-Pflanze empfehlen. Damit kannst du diese ganzen Panik- und Schmachtattacken weitgehend umgehen. Es wirkt wirklich Wunder und du brauchst es auch nur für die ersten Tage, bis du deinen Körper vom Nikotin entgiftest hast.

Ein paar Tage durchhalten, Nikotin aus dem Körper ausleiten und man ist frei, oder? Zwar verlangen die Nerven nach sieben Tagen nicht mehr nach der Droge, dafür ist Rauchen in deinen Gedächtniszellen immer noch ein großer Bestandteil deines Lebens. Das eigentliche Problem beim Aufhören ist nicht der Nikotinentzug, sondern das Nicht-mehr-Rauchen.

„Du musst nicht nur das Nikotin loswerden, sondern auch den Raucher in dir.“

Lies noch einmal die Definition von substanzungebundener Sucht durch und überlege, was das mit dir zu tun hat. Schreibe deine Gedanken sowie deine Pausen-, Verstärker-, Kontakt- und Ritualzigaretten auf. Welche Zigaretten rauchst du aus Gruppenzwang? Welche sind schon so arg zum Ritual geworden, dass du sie gar nicht mehr bemerkst? Du wirst anhand der Liste sehen, wie sehr Zigaretten fester Bestandteil deines Lebens sind. Mache die Liste sorgsam und vervollständige sie, wenn dir noch etwas einfällt. Diese Zigaretten sind äußerst gefährlich! Jede einzelne kann diese „Eine“ sein, die einen Rückfall verursacht.

Bei Stress, Müdigkeit, Überforderung,
vor dem Autofahren, zum Kaffee,
bevor wir in Gesellschaft fahren, beim
Telefonieren, als Pausen beim Putzen,
vor Terminen

Rauchen ist geil. Ein Herr Professor Mühlig behauptet also, dass Rauchen extrem abhängig macht. Aber wieso ist das so? Wenn du ehrlich bist, ist die Antwort ganz einfach: Rauchen entspannt, macht Spaß und schmeckt einfach klasse. Es vertreibt schlechte Laune, macht Stress erträglicher und verschafft immer mal wieder eine Verschnaufpause. Wenn man den Akt des Rauchens zelebriert, ist es ein wunderbares Ritual. Es verbindet und fördert die Kommunikation zwischen Menschen. Es befreit, lockert, dämpft, beschwingt, spornt an, macht Lust und gute Laune.

Eine Zigarette ist ein Tausendsassa, der zu jeder Lebenslage passt – ob du nun traurig, wütend, ängstlich, locker, fröhlich, entspannt, angespannt, betrunken, nervös, gereizt, beschwingt, verliebt oder von Liebeskummer geplagt bist. Kurzum: Die Zigarette ist dein bester Freund. Sie hat dich getröstet, als du einen Arm um die Schulter und einen Schoß zum Ausheulen brauchtest. Sie war da, wenn kein anderer da war, Tag und Nacht. Um 3 Uhr morgens stand sie dir bei. Wer von deinen Freunden war da, immer und immer wieder? Sie gab Rat zu jeder Lebenslage, hörte dir zu, als du ein Ohr brauchtest, und hielt deine Hand, als es dir dreckig ging. Sie half dir dabei, mit dem anderen Geschlecht Kontakt aufzunehmen, und verband euch bei so vielen gemeinsamen Momenten. Die Zigarette ist sogar Bestandteil des Liebesspiels: entweder als „die Zigarette danach“ oder im besseren Falle, und das gönne ich dir vom ganzen Herzen, als eine der Pausenzigaretten. Ach ja, apropos Pausen: Natürlich füllt sie deine Pausen wunderbar. Sie ist dein Begleiter, Beschützer, bester Kumpel. Wen hast du im Laufe deines Lebens schon gehen lassen müssen? Welche Männer, welche Frauen haben dich verlassen oder sind einfach fortgeblieben? Welche Tiere sind gestorben? Wenn auch alle dich verlassen haben, die Zigarette blieb dir treu.

Du willst den treuesten Freund, der dir immer zur Seite stand, in guten wie in schlechten Zeiten, jetzt in den Hintern treten? Du willst ihn fortjagen wie einen räudigen Hund? Den, der immer für dich da war, in all den Jahren? Dabei solltest du auch bedenken, dass immer du ihn gebraucht hast, nicht er dich. Kommst du ohne diesen Freund überhaupt klar? Kannst du ohne ihn noch unbeschwert lachen? Wer wartet mit dir auf den Bus? An wen klammerst du dich bei Gefahr, Stress, Sorgen, Langeweile, Telefonaten, Pausen? Es wird sehr einsam ohne ihn werden, das sollte dir klar sein. Die Stütze, auf die du dich in allen Lebenslagen verlassen hast, wird es von jetzt auf gleich nicht mehr geben. Was machst du in der Einsamkeit, bei Langeweile, Frust, Angst, Sorge? Wer lacht mit dir, mit wem kannst du genießen und Freude teilen?

Also noch mal: Wieso willst du aufhören? Ja, ich weiß, weil es stinkt, weil es deine Gesundheit kaputt macht oder schon kaputt gemacht hat, weil es teuer ist, weil es gesellschaftlich nicht mehr angesehen ist, weil deine Leistung abfällt, für deinen Partner, deine Kinder, deine Enkel und, und, und. Aber das alles sind nicht die Gründe, warum du aufhören willst. Das sind Gründe, warum du aufhören musst!

Nimm dir ein paar Sekunden für diesen Gedankengang.

Die Neben- und Auswirkungen des Nikotins und der anderen schrecklichen Gifte, die Rauchen mit sich bringt, sind irgendwann so schlimm, dass du aufhören *musst.* Aber das sind rationale Gründe, die der gesunde Menschenverstand dir aufzwingt. Das, was eine Zigarette „bringt", das willst du. Das tut dir gut und spricht deine Gefühle an. Kein Raucher will auf das verzichten, was Rauchen ihm gibt. Natürlich nicht. Könnte irgendetwas Gesundes diesen ganzen Katalog an positiven Gefühlen erfüllen, würde es die ganze Menschheit benutzen. Aber leider gibt es das nicht. Ich kenne nichts, was auch nur halbwegs so vielfältig unterstützt wie Rauchen. Keine andere Droge auf der Welt erfüllt so viele Wünsche. Außerdem sind die meisten Drogen illegal und haben viel zu große Wirkung auf den augenblicklichen Zustand, als dass man sie sich überall und zu jeder Zeit einverleiben könnte wie eine Kippe. Es gibt kaum etwas Tolleres, und das weißt du genau. Also erzähl es deiner Oma, dass du aufhören willst, aber keinem richtigen Raucher, der noch alle Tassen im Schrank hat.

Na, das ist jetzt aber ein seltsames Nichtraucherbuch ... Warum erzähle ich in meinem eigenen Nichtraucherbuch, wie toll Rauchen ist? Weil es die Wahrheit ist. Die Gefahr ist nicht weg, wenn du die Augen zumachst. Wenn du siegen willst, musst du wissen, gegen wen du kämpfst. Es gab sie, diese wenigen richtig tollen Zigaretten in deinem Leben: die, die du mit XY auf der Party geraucht hast, als du ihn oder sie kennengelernt hast, oder die erste nach einem langen Flug, mit der ein toller Urlaub begann. Aber es gab auch die, die dir Trost spendeten und Halt gaben.

Schreibe jetzt auf, welche Zigaretten dich so richtig berührt haben. Falls du jetzt denkst, dass du das doch schon in der letzten Aufgabe gemacht hast: Nein, in der letzten Aufgabe hast du deine Routinezigaretten aufgeschrieben. Jetzt gehen wir an deine starken Gefühle, die mit Zigaretten verbunden sind, deine Lust, dein Verlangen, deine Trauer und deine Wut.

Bei Kummer nach Trennung.
im Urlaub am Strand

Nikotinsucht besiegen ist simpel – aber nicht einfach

Nach dem körperlichen Entzug tritt die zweite Phase in den Vordergrund, in der es vor allen Dingen darauf ankommt, dass du deine Gedanken unter Kontrolle hältst. Es ist ein Prozess, den jeder für sich durchlaufen muss, auch du! Niemand kann ihn dir abnehmen.

Hör mal, wer da spricht. Wer spricht zu dir und überredet dich ständig, die nächste Zigarette zu rauchen? Ich hoffe doch sehr, du hast noch einen Gedanken, bevor du eine rauchst. Oder bist du schon so weit, dass du völlig unbewusst, aus Reflex oder Gewohnheit rauchst? Werde dir über dein Rauchverhalten und deine Gedanken und Gefühle gegenüber dem Rauchen bewusst. Welche Gedanken hattest du vor jeder Zigarette, wann fingen sie an? Wie viele Minuten vorher? Wie genau war der Wortlaut der Gedanken? Achte besonders auf Ausreden, Vorwände und Beschwichtigungen.

Halte kurz inne und denke über diese Fragen nach. Fällt dir noch etwas ein, was du zu der Liste deiner Zigaretten ergänzen möchtest? Dann schreibe es direkt auf und lass dir Zeit. Ich warte hier so lange auf dich.

Die erste Phase nach dem Rauchstopp ist das Loskommen vom Suchtstoff Nikotin. Sie ist heftig, geht aber, objektiv gesehen, schnell vorbei. Entscheidend ist das Wissen, dass sich der Körper automatisch und sehr schnell vom Nikotin befreit. Nach nur einer Woche ist Nikotin körperlich nicht mehr relevant und du kannst zu Recht auf dich und deinen Erfolg stolz sein.

Alle 24 Stunden halbiert sich der Nikotingehalt in deinem Körper.

Alle 24 Stunden halbiert sich somit auch die körperliche Abhängigkeit von der Droge Nikotin.

Alle 24 Stunden nervt diese neue, unbekannte und anstrengende Nichtraucherwelt nur noch halb so viel.

Egal wie schwer der Anfang ist, es lässt sich nicht leugnen, dass du Stunde für Stunde kräftiger, gesünder, selbstbewusster und selbstbestimmter wirst. Erinnere dich immer daran, wenn du gerade verzweifelt **fürchtest, dass es nie aufhört:** Hältst du nur eine Woche durch, hast du die körperliche Sucht besiegt. Es geht vorbei, sogar sehr schnell und ganz von allein. Nikotin baut sich in jedem Körper gleich schnell ab. Auch in deinem! Dein Organismus funktioniert genauso wie der eines jeden anderen. Du bist nicht die genetische Ausnahme dieser Welt.

Genauso wie der Nikotingehalt in deinem Körper sinkt, sinkt deine körperliche Abhängigkeit von der Droge. Beide sind am zweiten Tag schon um die Hälfte reduziert und am siebten Tag nahezu bei null. Alles andere ist Einbildung. Es wäre schön, wenn man jetzt sagen könnte, man bilde sich den Schmacht nur ein, der einen auch nach sieben Tagen noch plagt, und sofort schwindet alles Leiden. Leider funktioniert das selten so einfach. Aber wenn du nach sieben Tagen noch unter Nikotinentzug leidest, dann weißt du, dass dir deine Gedanken einen Streich spielen. Dein

Körper jedenfalls freut sich gerade, dass er sich endlich von den Giften befreit ist, die du ihm jahrelang, wenn nicht gar jahrzehntelang zugemutet hast. Erinnere dich daran, wenn es dich plagt, und vergifte deinen armen Körper nicht schon wieder. Hab Mitleid mit ihm.

Übung: *Setze oder lege dich bequem hin. Stelle dir vor, du rauchst eine Zigarette. Spüre, wie pures Gift heiß und brennend erst den Rachen runter in die Lungen und dann durch alle Adern in jedes einzelne Organ kriecht und es schwarz verfärbt. Stinkend und faulend zerfällt dein innerer Körper langsam bei jedem weiteren Zug, den du zu dir nimmst. Dein Körper und dein ganzes Sein sträuben sich gegen diese Zigarette. Jeder Inhalationszug an der Zigarette presst sich absolut widerlich, ekelhaft und abartig durch die Luftröhre hinab in die Lungen. Bei jedem Inhalieren würgst du den Qualm in deine Lungen, der sich nicht wie Gas, sondern wie schwarzer Eiter anfühlt. Spüre in deinen faulen Körper hinein, sieh ihn vor dir.*

Selbst wenn die Imagination anfänglich nicht so gut funktioniert, arbeite immer wieder an diesem Gefühl. Du kannst die Zigarette auch als widerliches Reptil sehen oder als sonst etwas Abartiges. Die Hauptsache ist, dass das Gefühl für Zigaretten mit der Zeit immer negativer besetzt wird. Mache diese Übung so oft es geht. Falls du noch rauchst, bei jeder Zigarette. Steigere dich am besten schon gedanklich hinein, bevor du sie anzündest. Dann ist schon der erste Zug grausam. Sage dir, sie ist ebenso ekelhaft wie unnütz und krankheitserregend. Wenn die Zigarette fertig geraucht ist, frage dich, was sie dir letztendlich gebracht hat, und beantworte die Frage mit einem „Nichts".

Sie ist wert- und nutzlos und war es immer schon. Arbeite an dem Gefühl, dass Zigaretten dir nichts (mehr) bedeuten.

Der Kampf gegen Nikotin. Zugegeben, die erste Woche ist wirklich hart. Der Gegner Nikotin wird dir bitter und erbarmungslos zusetzen. Oft, wenn nicht gar durchgehend, wirst du um die Gnade einer Pause von deinen Qualen betteln. Der Entzug kommt dir so vor, als würde Nikotin mit brachialer Gewalt in dir wüten und auf dich einprügeln. Die gute Nachricht aber ist: Nikotin ist berechenbar. Es ist dauerpräsent und durch seine Übergröße unübersehbar. Nie wirst du dich in vermeintlicher Sicherheit wiegen und deswegen nachlässig werden. Du weißt immer, wo es ist. Es kann und will sich nicht verstecken oder aus dem Hinterhalt angreifen. Es ist stark wie ein Kriegsgott, ja. Aber auch dumm wie ein plumper Golem in seinem Kampfstil. Es steht immer frontal und hat weder die Deckung oben noch andere Abwehrmechanismen. Es vertraut einzig auf seine Größe, seine Kraft und sein Suchtpotenzial.

Dieser Riese wird aber von Minute zu Minute schwächer und kleiner. Du musst Nikotin gar nicht besiegen, sondern „nur" eine Woche die Stellung halten. Warte ab, bis der Sturm vorbei ist. Die Taktik gegen den Gegner Nikotin ist einfach und zugleich genial: Kämpfe nicht, sondern sorge für dein Wohlbefinden!

Jede Stunde, die du widerstehst, schwächst du es.
Jede Stunde des Nichtrauchens ist ein Triumph.
Jede Stunde ist ein Sieg.
Jede Stunde ist ein Grund zu feiern.
Jede Stunde wirst du größer, selbstbewusster und stolzer.
Jede Stunde verwandelt sich ein Riese in einen Zwerg.

Egal wie es dir in den ersten Tagen geht, halte dich an dieser Realität fest: Du wirst die Droge innerhalb von wenigen Tagen überwunden haben, ohne Wenn und Aber. Spiele auf Zeit! Weiche zurück, duck dich, versteck dich und sei feige, aber: Kämpfe nicht! Lauf weg, lenk dich ab, guck nicht hin, aber: Kämpfe nicht! Halte aus, halte durch, heule, weine, aber: Kämpfe nicht! Die Zeit arbeitet für dich.

10 Punkte für ein Nein. Schmachtattacken kommen oft heftig, halten aber nicht lange an. Deswegen reicht es meist aus, sie kurz zurückzudrängen, und schon verschwinden sie wieder. Diese Methode lernst du in Sekunden und kannst sie jederzeit und an jedem Ort anwenden. Sie ist außerdem sehr gut, um sich seiner Gedanken, die normalerweise automatisch und völlig unbeachtet ablaufen, wirklich bewusst zu werden und dabei zu beobachten, welche schädlichen Auswirkungen sie auf dein Leben haben.

Jedes Mal, wenn du Lust auf eine Zigarette verspürst, sagst du mit aller Kraft und Autorität: Nein! Für dieses Nein gibst du dir zehn Punkte, klopfst dir innerlich auf die Schulter und bist mächtig stolz auf dich. Jetzt ist es wichtig, das Thema sofort abzuschließen! Wenn du danach nicht anfängst, mit dir zu diskutieren, also dieses Nein akzeptierst, darfst du diese Punkte behalten und bist frei. Sobald aus deinem Innersten auch nur das geringste „Aber“ aufsteigt, gibt es Punktabzug. Bei jedem weiteren Diskutieren gibt es wieder einen Punktabzug und dann noch einen und noch einen. Dein quengelnder Raucher wird jetzt sofort anfangen, dich zu bearbeiten. Deswegen solltest du dein Gehirn und deine Gefühle direkt nach dem Stopp ablenken. Vielleicht träumst du von einer Radtour mit dem neuen Bike, das du dir von dem gesparten Geld deiner Nikotinfreiheit geleistet hast. Oder du siehst dich bei einem guten Abendessen mit einer geliebten Person und feierst ein Jahr Rauchfreiheit. Entwirf vor deinem inneren Auge deinen Traumstrand mit deiner Traumhütte und einem Schaukelstuhl oder einer Hängematte und den Sonnenuntergang gleich dazu. Es braucht kein minutenlanger Film zu sein. Ein kurzer Schnappschuss reicht schon zur Ablenkung.

Du kannst oder willst nicht in die Zukunft denken? In Ordnung. Dann erinnere dich an einen schönen Tag oder Abend aus der Vergangenheit. Labe dich an Erinnerungen an einen vergangenen Urlaub und sieh noch einmal das grandiose Bergpanorama deiner schönsten Gipfelwanderung. Oder konzentriere dich auf die Gegenwart: Was tust du jetzt in diesem Augenblick? Nimm deine Umwelt so bewusst und intensiv wahr wie möglich. Was siehst, hörst, riechst du? Wenn du das Hier und Jetzt konzentriert erleben kannst, ist das nicht nur eine schöne Entspannung, sondern es lenkt dich auch von deinem Schmacht ab. Aber auch hier gilt: **Übung macht den Meister**.

Wie bei einem kleinen Kind an der Supermarktkasse ist es wichtig, dass du autoritär auftrittst und keine weitere Diskussion zulässt. Der innere Dialog über das Für und Wider untergräbt deine Autorität. Ein klares Nein signalisiert dem bettelnden Kind (in dir), dass es sinnlos ist weiterzubetteln und dass es keine Diskussion gibt. Natürlich hält das nicht ewig vor. Es kann sein, dass du in den ersten Tagen immer wieder von vorne anfängst. Na und?

Bist du bereit? Bist du bereit, etwas für deine Gesundheit zu tun, Hindernisse zu überwinden und eventuelle Qualen des Entzugs auszuhalten? Nicke nicht einfach nur, sondern mache einen Vertrag mit dir. Keine Angst, ich werde nichts von dir verlangen, was du nicht schaffen kannst, und es wird im ganzen Buch kein Zeitpunkt kommen, an dem du mit dem Rauchen aufhören *musst*. Den bestimmst du ganz allein selbst.

Überlege dir nun, ob du bereit bist, dir dein Leben wieder zurückzuholen, oder ob du weiterhin Opfer deiner Sucht bleiben möchtest und damit einen qualvollen Tod riskierst. Schreibe diese Sätze in den folgenden Vertrag: „Ich werde mich ab sofort dem Projekt ‚Nichtraucher werden' voll und ganz widmen. Ich werde jede Aufgabe dieses Buches akribisch bearbeiten, weil ich weiß, wie wichtig es für meinen Erfolg ist. Es wird keine Ausreden und Rückzieher geben. Diesmal ziehe ich es durch!"

Vertrag

Ich werde mich ab sofort dem Projekt Nichtraucher werden voll & ganz widmen. Ich werde jede Aufgabe dieses Buches akribisch bearbeiten, weil ich weiß, wie wichtig es für meinen Erfolg ist. Es wird keine Ausreden und Rückzieher geben. Diesmal ziehe ich es durch!

S. Zechmeister

Unterschrift nicht vergessen!

Lies nicht weiter, bevor du den Vertrag mit dir gemacht hast. Ich sagte dir bereits, dass dieses Buch nichts für passive Leser ist, sondern für Menschen, die bereit sind, Verantwortung zu übernehmen. Hier an dieser Stelle trennt sich noch mal die Spreu vom Weizen.

Schritt 3

Kenne deinen Gegner

Der Weg in die Freiheit. Folgende Nebenwirkungen treten individuell mal stärker oder abgeschwächter beim Rauchstopp auf. Egal wie stark oder schwach sie bei dir sind, sei dir immer bewusst, dass sie nur Symptome eines natürlichen Entgiftungsprozesses sind, wie das reinigende Fieber bei einer Erkältung. Ja, sie sind unangenehm, aber mehr auch nicht. Und sie werden verschwinden! Da muss jeder durch, auch du. Es spricht jedoch nichts dagegen, dass du sie linderst. Folgende Symptome werden häufig genannt:

- Kopfschmerzen, Müdigkeit: Hol dir den Schlaf, den du in dieser Phase brauchst. Das ist völlig in Ordnung.
- Verlangsamter Puls, Schweißausbrüche: Mache Sport, frag aber vorher deinen Arzt.
- Gesteigerter Appetit: Iss in den ersten Tagen einfach mehr. Das reguliert sich später schon.
- Reizbarkeit, Konzentrationsschwäche Schmacht, Frustration, schlechte Laune, Angst, Schlafstörungen: Nimm Kudzu, Johanniskraut, Baldrian oder andere helfende Kräuter.

Diese Phasen wirst du durchlaufen. Es ist einfacher, mit Schwierigkeiten umzugehen, wenn man darauf vorbereitet ist. Deswegen merke dir folgende Phasen gut, weil sie nach einem beinahe festen Muster ablaufen. Es ist wichtig zu wissen, dass Schwierigkeiten, die nach Wochen und sogar Monaten auftreten, nichts Ungewöhnliches, sondern ein Beweis dafür sind, dass man einen weiteren Meilenstein auf seinem Weg erreicht hat. Es hat den Anschein, als müsse man an diesen Meilensteinen Prüfungen bestehen, um dann seinen Weg im nächsten Level erleichterter fortführen zu können.

Tag 1. Tag 1 wird sehr schwer, aber ihn wirst du optimal vorbereiten. Außerdem hast du sehr viel Willenskraft und Mut.

Tag 2. Es überwiegt der Stolz und man hat schon ein wenig Routine. Schafft man es irgendwie, Tag 2 zu bewältigen, ist der Stolz abends beim Einschlafen übermächtig.

Tag 3. Man merkt schon deutlich die körperliche Veränderung, das spornt an und gibt Rückenwind. Aber Tag 3 ist auch einer der anstrengendsten, an dem die meisten Raucher scheitern. Wenn die Schmachtattacken überfallartig immer und immer wieder wie große Brandungswellen über einen herabbrechen und man sich ihnen ohnmächtig ausgeliefert fühlt, denkt man schon noch arg oft ans Aufgeben. Beinahe unerträglich schwer wiegt die Angst, dass es immer so weitergehen wird. Angst und Panik überfluten Körper und Geist und man weiß genau, dass alle Verzweiflung mit nur einem einzigen Zug an einer Zigarette sofort verschwinden würde. An diesem Tag musst du alle Tricks aus diesem Buch fast pausenlos anwenden. Vergiss dabei aber nie: Tag 3 ist wie ein Orkan, dem, wenn er vorübergezogen ist, Windstille und Sonnenschein folgen.

Tag 4. Der Orkan ist überstanden und die Sonne scheint. Euphorie macht sich breit und Glückshormone werden ausgestoßen. Zu Recht ist man mächtig stolz und der Tag geht vergleichsweise ziemlich locker über die Bühne. Wunden werden geleckt und man heilt hier und dort Verletzungen. Man räumt innerlich auf, so wie man das Haus nach einem Orkan repariert. Klar, man muss auf der Hut sein, auf sich achtgeben, dass nicht der ein oder andere Dachziegel doch noch locker ist und auf einen herabprasselt. Man muss die Übungen anwenden. Aber man hat darin Routine und sieht das Licht am Ende des Tunnels.

Tag 5. Tatsächlich ist es so, dass man schon ab dem fünften Tag das Schlimmste hinter sich hat und nur noch glücklich ist, dass man es geschafft hat. Wer jetzt unvorsichtig wird und nicht weiter an seinem Mindset arbeitet, bekommt am zehnten Tag noch mal richtig Schwierigkeiten.

Tag 10. Hast du Tag 5 überstanden, bekommst du eine Verschnaufpause. Zwar ist es nicht so, dass du nicht immer wieder kämpfen müsstest, aber es geht ab jetzt wirklich viel leichter. Jedenfalls, bis Tag 10 anbricht. Diesen Tag möchte ich einfach mal als einen Zwischenorkan bezeichnen. Er wirbelt dich kräftig durch, ist aber nicht so extrem anstrengend. Merke dir, dass er vorbeigeht und wirklich nur 24 Stunden dauert. Wenn du gut vorbereitet in den Tag gehst, kann aus dem Orkan auch nur ein Sturm im Wasserglas werden. Vermeide aber im Vorfeld Trigger, wenn es geht.

Dritte Woche. In der dritten Woche, also ziemlich genau zu Anfang der dritten Woche, bekommst du es meistens noch einmal mit mächtigen Schmachtattacken zu tun. Du fürchtest, es geht nie vorbei, kommen sie doch immer wieder. So willst und kannst du nicht weiterleben. Keine Sorge, das ist nur eine kurze Phase. Sie geht nach ein paar Tagen vorbei. Wenn du die Übungen aus diesem Buch weiter beherzigst und anwendest, geschieht das noch viel schneller und leichter. Ich persönlich finde diese Tage sehr schwierig. Sie sind nicht so handfest wie die ersten Tage. Es fühlt sich verschwommen an und man hat nicht das Gefühl, gegen eine Substanz oder echte Schmachtsymptome zu kämpfen, sondern eher gegen vage Erinnerungen. Aber das ist subjektiv.

Es gibt auch noch einen Abfallstoff namens Nornikotin, der sich nach drei Wochen ausleitet und ziemlich aufs Gemüt drücken kann. Wenn das bei dir auftreten sollte, dann weißt du, dass es nicht an dir und dem Mangel an Nikotin liegt, sondern an dem Giftstoff, der sich in deinem Körper gerade einen Weg an die Oberfläche bahnt und so ausgeleitet wird. Er macht einfach nur eine Menge Tamtam auf diesem Weg. Hast du diese schlimmen Tage überwunden, hast du für die nächsten Wochen deine Ruhe.

Viele haben jedoch kaum Schmacht. Eher ist das Gegenteil der Fall. Alles ist super einfach und locker. Unter dieses Hochgefühl mischt sich dann leider sehr oft auch der Hochmut. Und der kommt bekanntlich vor dem Fall. So greifen viele dann aus Lust oder „nur so zum Spaß“, „weil man mal wissen will, wie es schmeckt und so weiter“ einfach wieder zur Zigarette. Tu das nicht! Dieser „Spaßzigarette“ folgen viele weitere quälende Jahre der Sucht.

Dritter Monat. Nach ca. drei Monaten passiert das Gleiche wie schon in der dritten Woche – zwar abgeschwächter, dafür aber länger andauernd. Diese Phase ist extrem gefährlich. Innerlich drängt es dich zur Zigarette und äußerlich schwingt und tanzt der Übermut. Du verdrängst alle Qualen der ersten Tage und denkst: „Ach, so schwer war es doch eigentlich gar nicht mit dem Aufhören und ich kann das ja jederzeit wieder. Ich habe jetzt einfach mal Lust, eine zu rauchen."

Du meinst, du hättest alles im Griff und könntest damit umgehen. Dann denkst du, dass alle anderen, die im dritten Monat scheitern, natürlich schwächer, dümmer und so weiter waren als du. Du bist jetzt der Held, der glanzvoll in die Nichtrauchergeschichte eingehen wird, denn du rauchst jetzt nur eine Einzige und dann ist gut. VERGISS ES! Nein, nein, nein! Du wirst gerade von deinem inneren Raucher in eine böse Falle gelockt. Höre nicht auf die Sirenen in deinem Kopf. Du bist – genauso wie alle anderen, die im dritten Monat rückfällig werden – über kurz oder lang wieder an der Fluppe. Die Mal-schauen-ob-es-noch-schmeckt-, die Nur-so-zum-Spaß- und die Weil-ich-es-ja-kann-Zigarette sind die gefährlichsten und dämlichsten aller Zigaretten, denen du je widerstehen musstest. Merke es dir jetzt und erinnere dich in drei Monaten an diese Worte.

Ein Jahr. Hast du die Drei-Monats-Hürde auch überwunden, bist du ziemlich frei. Ab und an greift dein innerer Raucher noch sporadisch aus dem Hinterhalt an. Genieß dein neues Leben, werde aber nicht übermütig und zieh nur mal zum Spaß oder zum Noch-mal-Abgewöhnen an einer Zigarette. Auch nicht an einer E-Zigarette! Denke an deinen inneren Raucher und die subtanzungebundene

…t. Achte vor allen Dingen darauf, was du denkst und …gst. Nach einem Jahr kommt noch einmal eine Zeit, in …er du einem Rückfall gefährlich nah kommen kannst. Und zwar genau so wie beim dritten Monat: schwächer, aber länger anhaltend. Danach ist dann eigentlich wirklich Ruhe und das Thema sollte abgeschlossen sein.

Braucht der Körper vielleicht doch Nikotin? Oft lese ich in den Foren: „Schon seit x Tagen keine geraucht, aber nun tut es hier weh oder da." Neben den oben genannten Nebenerscheinungen werden dann alle körperlichen und seelischen Leiden auf den Rauchstopp geschoben – ob es nun Haarausfall, trockene Haut, eine Warze oder gar Lustlosigkeit im Bett ist (habe ich tatsächlich so gelesen). Immer folgt dann die Frage, ob es vom Nikotinentzug kommt. Ich frage mich dann, welche Antwort diejenigen jetzt erwarten: „Ja, auf jeden Fall, lieber Günther, das kommt davon, weil ausgerechnet dein Körper sich so an Nikotin gewöhnt hat, dass du es ab jetzt für immer zu dir nehmen musst. Rauch sofort eine, sonst wird dieser Zustand nur noch schlimmer."

Egal welche Symptome du nach oder während des Nikotinentzugs hast: Es ist letztendlich unwichtig! Selbst wenn du ein paar Nächte nicht schlafen kannst, na und? Es ist langfristig gesehen egal, ob du ein paar Tage, oder von mir aus auch Wochen, lustlos und träge oder nervös und gereizt bist. Wir reden davon, dass du dem Tod von der Schippe springen wirst. Was sind da ein paar schlaflose Nächte? Merke dir daher Folgendes:

1. Alle körperlichen Beschwerden habe
   nichts damit zu tun, dass Nikotin fehl
2. Alle psychischen Beschwerden haben
   nichts damit zu tun, dass Nikotin fehlt.
3. Alle seelischen Beschwerden haben
   nichts damit zu tun, dass Nikotin fehlt.
4. Nikotin und alle anderen
   zugesetzten Stoffe sind Gift!

   Gift!
   Gift für deinen Körper!
   Gift für deinen Geist!
   Gift für deine Seele!
   Sie schaden dir!

Wenn es dir schlecht geht, liegt es nicht an der fehlenden Heilwirkung des Tabaks, sondern an dir, deinem Leben, deiner Psyche und dem Festhalten-Wollen am Nikotin. Wenn du Beschwerden hast, dann arbeite an deren Lösung. Diese findest du aber nicht in einer Zigarettenschachtel.

Beim Verbrennen einer Zigarette entstehen mehr als 4800 chemische Stoffe, von denen über 90 erwiesenermaßen krebserregend sind oder im Verdacht stehen, Krebs zu erregen.

Schreib diesen Satz ab und lege den Zettel in deine Brieftasche oder hänge ihn an den Badezimmerspiegel. Lies ihn gerne öfter einmal in Ruhe durch – bis du wirklich begreifst und fühlst, was dort steht.

_it positiver Energie in die Freiheit. Machen wir uns nichts vor, die Anfangszeitzeit kann wirklich kräfte- und nervenzehrend werden. Die ersten Tage des Nichtrauchens werden dir wahrscheinlich wie ein 200-Meter-Sprint durch ein Minenfeld vorkommen. Geh also lieber gut vorbereitet ins Rennen und vergiss nie, dass selbst die schlimmste Schmachtattacke vorbeigeht. Du hast immer wieder Pausen, in denen du neue Energie und Mut zu tanken kannst. In dieser Zeit bist du nicht ausgeglichen. Dabei trifft es „ausgeglichen" sehr gut, denn deine Nerven wollen ausgeglichen, also in Waage sein. Jedoch wird eine Seite der Waagschale am Anfang des Rauchstopps mit sehr viel Stress, Reizbarkeit, Aggression und so weiter belastet. Damit deine (Nerven-)Waage sich aber in der Mitte befindet und nicht zur Negativseite umkippt, musst du dafür sorgen, dass die andere Waagschale mit so viel Gleichmut, Entspannung und positiver Energie wie nur möglich aufgeladen wird. Deswegen ist es für dich wichtig, mit deiner Kraft sorgsam umzugehen und dich immer, wenn es möglich ist, mit positiver Energie aufzuladen. Positive Energie ist alles, was Stress reduziert, dich entspannt, dir guttut und dir bestenfalls einen Flow verschafft. Sie ist wortwörtlich deine Nervennahrung und ein wichtiger Bestandteil deiner Stresskompetenz.

Rumgammeln tut dir gut, aber du hast ein schlechtes Gewissen dabei, weil man das ja nicht macht? Jetzt darfst du es. Du darfst die ersten Tage ALLES machen, was dir guttut und dich entspannt. Nein, du darfst nicht nur, du bist sogar verpflichtet, alles zu tun, was dir guttut. Das kann ein gutes Buch bei entspannender Musik sein, Malen, Basteln, Musizieren oder Schreiben. Es können natürlich auch nette Menschen mit inspirierenden Gesprächen helfen, dich mit positiven Schwingungen zu erfüllen. Sorge ab jetzt so oft es geht für Entspannung und gute Gefühle. Sie sind Abwehrkräfte und Schutzschilde gegen die Angriffe von Stress, Wut und Ärger.

Übung: *Rede und bewege dich heute etwas ruhiger, bedächtiger, langsamer. Fluche nicht, schimpfe nicht, rege dich nicht über ungelegte Eier auf. Bleib entspannt und in deiner Mitte. Wenn die Schlafmütze vor dir vergessen hat, wo das Gaspedal ist, oder dieser Drängler hinter dir hupt, bloß weil du mal eben vergessen hast, wo das Gaspedal ist, atmest du dreimal tief ein und aus und lächelst. Das schont deine Nerven und stärkt dein Selbstbewusstsein.*

Waldbaden und spielen. Etliche Studien bestätigen die heilsame Kraft der Natur. Versuche, einmal am Tag in den Wald zu gehen, und genieße einfach dein „Da-Sein“. Trage Ideen für alles zusammen, was dir guttut oder dir als Kind gutgetan hat. Kinder basteln, malen und puzzeln gerne, weil sie sich dabei entspannen und in sich zurückziehen können. Im Laufe unseres Erwachsenwerdens verlieren wir die Fähigkeit, uns Zeit für uns selbst zu nehmen und uns einfach dem Spielen hinzugeben. Spielen kann in einen Flow versetzen. Probiere es doch einfach mal aus. Wenn es eine Musik gibt, die du magst, oder ein Buch, welches du immer schon lesen wolltest, dann besorge dir diese Dinge. Du bist es wert, in gute Gefühle zu investieren. Natürlich darfst du dich, wenn du der Typ dafür bist, mit Sport glücklich machen. Dabei liegt es an dir, welchen Sport und in welchem Ausmaß.

Glückshormone. Raucher bekommen gegenüber Nichtrauchern eher Depressionen, wie eine Studie der Universität Bergen (Norwegen) von 2014 belegt. Warum ist das so? Ganz einfach, sie haben ihr Glück an die Zigarette abgegeben und brauchen nun Nikotin, um sich glücklich fühlen zu können. Aber eigentlich macht Nikotin selbst nicht glücklich, sondern es bewirkt, dass Glückshormone ausgeschüttet werden – also Hormone, die normalerweise dann zum Vorschein kommen, wenn wir schöne Momente im Leben erfahren dürfen. Die wichtigsten Hormone sind:

- **Dopamin** ist für Motivation, Antrieb und Lust zuständig.
- **Serotonin** sorgt für Gelassenheit, innere Ruhe und Zufriedenheit und reduziert Angst, Aggressivität, Kummer und sogar den Appetit. Kein Wunder also, dass man sich bei dessen Mangel depressiv verstimmt fühlt und ängstlich, traurig oder aggressiv ist.
- **Noradrenalin** erhöht die Konzentration und hält wach.
- **Oxytocin** macht ein tiefes, wohliges Gefühl und stärkt sowohl das zwischenmenschliche als auch das Selbstvertrauen. Es entspannt und wird bei Lob ausgeschüttet.

Du hast vor ein paar Seiten einige Zigaretten aufgeschrieben, die dir Freude, Befriedigung, Lust und so weiter bereitet haben. Sieh dir die Liste noch einmal an. Diese Zigaretten sorgen jedes Mal dafür, dass du mehr Glückshormone erhältst, als es der Situation angemessen ist. Durch diese Überproduktion an Glückshormonen kommt es zu einem Kick.

Nach einer abgeschlossenen Arbeit oder einem erreichten Zwischenstand bei einem Projekt belohnen sich Raucher mit einer Zigarette. Dadurch wird ein unangemessener Überschuss an Oxytocin freigesetzt. Sie **fühlen** sich glücklich, anstatt einfach nur zufrieden mit ihrer Leistung zu sein. Sie berauschen sich also eher am Oxytocin-Kick als an der Freude **über das** abgeschlossene Projekt. Die gerauchte Zigarette mit dem Partner oder den Kollegen ... Kommst du selbst darauf? Genau, Oxytocin wird gebraucht, damit es sich noch besser anfühlt. Wenn Raucher dagegen unter Druck stehen, rauchen sie eine und sagen damit dem Gehirn, dass es jetzt doch an der Zeit für eine Extradosis Serotonin ist. Wenn man mal eine Extraportion Motivation oder Konzentration benötigt, sorgt die Zigarette sofort für Dopamin oder Noradrenalin. Natürlich braucht das Gehirn dazu eigentlich keine Zigarette. Jeder Nichtraucher beweist das tagtäglich, dessen Körper diese Hormone auch ohne Zigarette ausschüttet.

Das Zauberwort heißt „Selbstregulation". Der Raucher hat diese Selbstregulation an die Zigarette abgegeben und sich damit in die Abhängigkeit und die Passivität begeben. Vielleicht rührt genau diese Passivität daher, dass der Raucher immer nach einem Erlöser sucht, anstatt sich selbst zu befreien. Er hat gelernt, Verantwortung für seine Gefühle und damit für sein Leben abzugeben. Wie dieses Nikotin es nun schafft, dass immer genau das passende Hormon zur richtigen Zeit ausgeschüttet wird, grenzt an ein Wunder, macht die Sache an sich aber nicht einfacher. Fehlt nun die regulierende Substanz, gerät der ganze Hormonhaushalt durcheinander, wie bei einem Teenager. Ohne Nikotin ist man unsicher und die Gefühle wirbeln haltlos umher, wie ein Schiffchen im tosenden Meer. Es ist eine sehr unangenehme Zeit. Aber denke immer daran, dass es zum Entwöhnungsprozess dazu gehört, wenn deine Gefühle mit dir Achterbahn fahren, dass es nicht so schlimm ist, wie es sich anfühlt, und dass es vorbeigeht.

Die anfängliche Überproduktion der Hormone bei einer Zigarette war ein Gefühlsverstärker und Rausch, der dann bei immer mehr Gelegenheiten eingesetzt wurde. Da sich der Körper auf die Signale des Nikotins verlassen hat, hat er mit der Zeit verlernt, von sich aus genügend Glückshormone zur richtigen Zeit herzustellen. Daher neigen Raucher eher zu Depressionen. Aber die Zellen im Gehirn, die für die ausgeglichene Stimmung sorgen, sind nicht tot, sie sind nur verkümmert und werden sich mit der Zeit wieder erholen. Nikotinentzug ist also auch maßgeblich Glückshormonentzug, bis der Raucher gelernt hat, diese wieder selbst in ausreichender Menge herzustellen.

Begib dich nie in die Opfer- und Bittstellerrolle und warte, bis etwas von allein geschieht. Wie du aktiv für dein Wohlbefinden sorgen und deine Gefühle regulieren kannst, zeige ich dir in den folgenden Abschnitten. Du kannst die Glückshormon-produzierenden Zellen mit einfachen Techniken und Tricks wiederbeleben und trainieren.

Belohne dich selbst. Klopfe dir auf die Schulter und lobe dich, wenn dir etwas gelungen ist. Oder genieße bewusst einen Song im Radio, einen warmen Sonnenstrahl, die Ruhe im Wald, den Gesang eines Vogels und den netten Blick, der dir auf der Straße zugeworfen wird. Trainiere dein Belohnungszentrum wie einen Muskel. Baue es auf und füttere es mit kleinen oder auch großen Glücksmomenten. Ich verweise noch einmal auf Baldrian und Johanniskraut, die wunderbar die anfänglichen Stimmungsschwankungen abfedern können.

Tu dir gut. Wie wäre es mit einem Eis oder ei[illegible] torte? Schokolade beruhigt dich und bringt dir G[illegible] fühle? Was ist mit dem Frönen von Süßem und Fettigem? Darf das Eis auch eine Extraportion Sahne haben? Jaaa, super Idee! Mach alles, was Spaß macht. Mach alles, was dir guttut. Du darfst *alles*, außer Rauchen. Alles, was dir in dieser Phase guttut, ist nicht nur erlaubt, sondern Pflicht – natürlich nur, solange es dir wirklich guttut. Wenn du Diabetiker oder Alkoholiker bist oder eine Allergie gegen bestimmte Nahrungsmittel hast, dann versteht es sich hoffentlich von selbst, dass du dich an die Regeln des gesunden Menschenverstandes halten musst. Ich will nachher nicht hören: „Aber der hat doch gesagt, ich darf jetzt alles. Der ist schuld, dass ich jetzt leide."

Unterstreiche die Ideen, die dir spontan gefallen oder die du gerne mal ausprobieren würdest:

Waldspaziergang, Natur, angeln, Yoga, Meditation, Buch lesen, Stille genießen, einem Vogel oder dem Regen zuhören, Zoo, Tierpark, Musik, Kraftorte, schlafen, ruhen, streicheln, streicheln lassen, Sport, dehnen, lachen, baden, ein paar bewusste Atemzüge machen, Kuchen backen, kochen, Kerzenschein, Zimt, telefonieren, Fußball spielen, ein Bild betrachten und darin versinken, Modellschiff bauen, stricken, basteln, chillen, beten, gärtnern, Leute beobachten, essen ...

Vervollständige die Liste, wenn dir dazu jetzt und auch später noch etwas einfällt. Schreibe auch „kleine" Dinge auf, die dir Trost spenden oder in dir ein gutes Gefühl erwecken können. Das kann sogar deine Lieblingsfarbe oder -hose sein.

tion für sich, um zu Ruhe, Glück, Einsicht und Weisheit zu gelangen. Die Wissenschaft bestätigt durch bildgebende Verfahren, wie sich das Hirn durch die Wirkung dieser Praxis, die seit tausenden Jahren angewendet wird, zum Positiven entwickelt. Wenn du noch nie die Freude eines ruhigen Geistes erleben durftest, möchte ich dir folgendes Morgenritual für die nächste Zeit ans Herz legen.

Direkt nach dem Aufwachen ist der Alltag noch nicht so in deinen Gedanken präsent. Anders ausgedrückt: Das Hirn ist noch nicht so richtig auf Touren. Dies ist der schnellstmögliche Einstieg in die Meditation: Setze dich direkt nach dem Aufwachen im Schneidersitz auf ein Kissen, sodass der Hintern etwas erhöht ist. Halte den Rücken gerade und atme drei bis vier Minuten in Stille in dich hinein. Bevor du beginnst, dich zu versenken, sage deinem ewig plappernden Geist, dass es in den nächsten vier Minuten keinen einzigen Gedanken auf der Welt geben kann, der so wichtig ist, dass er dich jetzt bei deiner Auszeit stören muss. Wenn er so genial sein sollte, wird er auch ein paar Minuten warten können. In diesen wenigen Minuten sollst du nicht über die Welt sinnieren, nicht deinen Tag und dein Leben planen oder sonstige Probleme lösen. Es geht in diesen Minuten nur um eines: nicht denken.

Zähle beim Ausatmen deine Atemzüge, bis du bei zehn angelangt bist. Dann fängst du wieder von vorne an. Sobald dir ein Gedanke durchs Hirn jagt, fängst du wieder bei eins an. Du wirst anfänglich wohl kaum weiter zählen können als bis drei, weil sich wieder irgend so ein wahnsinnig wichtiger Gedanke in deine Hirnwindungen eingeschlichen hat. Jetzt ist es wichtig, ihn nur wahrzunehmen und ruhig weiteratmend wieder bei eins mit dem

Zählen zu beginnen. Ärger dich nicht, sei nicht [illegible] denn das bringt dich noch schneller in die Wort- [illegible] dankenwelt. Das Zählen ist kein Wettbewerb, es dient dem Geist lediglich zum Festhalten. Du wirst mit sehr großer Wahrscheinlichkeit merken, wie gut es dir tut, wenn du irgendwann einmal für zwei, drei Atemzüge nichts denkst. Selbst diese wenigen Minuten, in denen du nur in die Meditation reinschnupperst, werden dich deinen Alltag ruhiger, entspannter, selbstbewusster und zufriedener erleben lassen. Wenn du Gefallen daran gefunden hast, erhöhe die Meditationszeit auf zwanzig Minuten und meditiere zweimal täglich auf einem Kissen.

Eine andere Art der Meditation ist, nicht das Gehirn auszuschalten, sondern sich einem Thema zu widmen. Dabei sollte man nicht bewusst nachgrübeln, sondern das Thema „in den Raum stellen“ und sehen, was passiert. Welche Gedanken, Gefühle und andere Wahrnehmungen kommen zu diesem Thema auf? Bei unangenehmen Gefühlen merkt man sehr schnell, dass sie sich abschwächen oder sogar ganz auflösen, sobald man sich ihnen ohne Druck und Worte nähert.

Mediation auf negative Gefühle. Ohne Zigaretten können negative Gefühle wie aus heiterem Himmel kommen und dich umhauen. Wie soll man damit umgehen? Früher war die Lösung ganz einfach. Aber das geht ja nun nicht mehr. Selbstreflexion kann hier sehr gut helfen. Anstatt zu rauchen, nimm dir Zeit für dich und lerne dich selbst kennen. Das kann sehr spannend sein. Nehmen wir zum Beispiel Angst. Frage dich wortwörtlich:

Wo fühle ich die Angst am stärksten?

Was genau fühle ich eigentlich gerade?

Wie ist mein Atem? Ist er flach, schnell, ruhig?

Wo und wie fühle ich den Schmacht genau?

Wie fühlen sich mein Herz und mein Magen an?

Ist mir warm oder eher kalt?

Nimm dir Zeit für dich selbst. Beobachte deine inneren Vorgänge als außenstehender Zuschauer. Indem du deine Gefühle beobachtest, bekommst du Abstand zu ihnen, und durch das Benennen holst du das Gefühl aus dem Teil des Gehirns, der für das Fühlen zuständig ist, in den Teil, der Dinge in Worte fasst. Indem du deine Gefühle abstrahierst, machst du sie zu einem Gegenstand, zu einem Ding. Halte diesen Abstand, identifiziere dich nicht. Du bist nur ein neutraler Beobachter und die Gefühle sind dein Forschungsobjekt, mehr nicht. Während du deine Angst emotionslos beobachtest, wirst du merken, wie sie weniger wird oder sogar ganz verschwindet. Du kannst Kontraktionen und Anspannungen bewusst lösen, indem du ihnen erlaubst zu gehen. Durch das Beobachten kannst du dich von deinen Gefühlen distanzieren und ihnen somit ihre Kraft nehmen.

Umgang mit negativen Stimmungen und Emotionen. Das Wort „Emotion“ entstammt dem lateinischen *emovere* (dt. „herausbewegen“, „emporwühlen“). Die Emotion kommt aus der Tiefe deines Selbst und will nicht nur wahr-, sondern auch ernst genommen werden. Bildlich gesehen ist tief in dir etwas drin, das sich herauswühlen möchte. Es will und muss erst gefühlt werden, bevor es verschwinden kann!

Wenn du deine Emotion unterdrückst, schli
dir ein. Aber sie ist immer noch da. Vielleic
es sogar, eine so große Mauer zu bauen, dass
mehr fühlst und siehst. Trotzdem ist sie immer noch in di
drin. Und weil sie wahrgenommen werden will, wird sie stärker und lauter. Irgendwann kannst du deinen Körper nur noch zwingen, negative Emotionen zu speichern bzw. einzulagern. Daher rühren dann Rückenschmerzen, Migräne oder ein Magengeschwür und so weiter. Außerdem, je intensiver du negative Emotionen unterdrückst, umso weniger kannst du die freudigen genießen.

Im Vergleich zu Stimmungen sind Emotionen zeitlich relativ kurz und intensiv. Während Stimmungen vielfach unbemerkt auf Bedürfnissen beruhen, sind es bei Emotionen die jeweiligen Auslöser. Emotionen wie beispielsweise Wut oder Trauer beziehen sich auf Personen und Ereignisse. Für Stimmungen braucht es keinen direkten Bezug. Aber was nutzt es, wenn man weiß, was es ist und wo es herkommt? Wichtig ist nur, dass negative Emotionen einfach keinen Spaß machen und man sie so schnell wie möglich loswerden will.

Stelle dich deinen Emotionen, solange diese noch leise sagen: „Hallo, da bin ich. Ich möchte dir mal erzählen, was ich alles so doof finde.“ Vielleicht wird das kein Kaffeekränzchen am Sonntagnachmittag. Das ist aber immer noch besser, als chronische Schmerzen zu haben. Schaue hin, beobachte deine Emotionen. Höre ihnen zu, ohne sie anzufeuern. Erhöhe nicht künstlich ihre Bedeutung, indem du eine Geschichte erzählst. Sage zum Beispiel nicht zu dir selbst: „Stimmt genau. Ich habe das Recht, Wut auf dieses oder jenes zu haben.“ Das verstärkt nur deine Wut. Bleibe ruhig und höre einfach zu, als würdest du einem Kleinkind zuhören, wenn es über seine Welt schimpft. Beurteile nicht. Verurteile nicht. Sei einfach nur da, beobachte und fühle und umarme deine Seele dabei. Gib negativen Emotionen nur die Aufmerksamkeit, die sie brauchen, aber nicht mehr. Dadurch verschwinden sie recht schnell. Gibst du ihnen aber eine Geschichte, dann gibst du ihnen Nahrung. Dadurch bestärkst du sie, und sie bleiben.

Entzugserscheinungen und Gefühle. Ohne die betäubende Wirkung des Nikotins fühlt sich alles sehr viel realer und direkter an. Wie die Sinne schärfer sind, so sind auch negative Gefühle präsenter. Ab und zu drohte ich, innerlich in einer Flut aus Wut, Angst und Nervosität zu zerreißen. Alles in mir rief nach der Betäubung durch eine Zigarette. „Nur ein einziger Zug“, bettelte und flehte es in mir. Nun ist es für einen Nichtraucher oder einen Suchttherapeuten sehr einfach zu sagen: „Lenke dich ab, das geht vorbei, nimm ein Kaugummi oder einen Antistressball.“ Aber die haben nun mal keine Ahnung, über was sie da reden.

Wer noch keinen ordentlichen Nikotinentzug erlebt hat, weiß nicht, welche Qualen dieser verursacht und wie relativ Zeit dann sein kann. Minuten der Qual erscheinen wie Stunden und es überkommt einen das Gefühl, dass es nie enden wird. Wenn du jetzt ruhig und in deiner Mitte bleibst, kein Öl ins Feuer gießt und keine Panik verbreitest, dann geht der Sturm vorbei. Du hast genügend Wissen und praktische Werkzeuge aus diesem Buch zur Hand. Nutze sie. Aber wenn du deinem inneren Raucher nachgibst, ihm zuhörst und mit ihm diskutierst, hat er gewonnen. Und habe da mal keine Sorge, das hat er sich gemerkt. Er weiß nun genau, welchen Ton er beim nächsten Mal anschlagen muss.

Es ist wichtig, dass du schon vor deinem Ausst… welchen Gefühlen du dich persönlich zur Wel… musst. Denn es ist immer besser, seinen Gegner zu …nen, als von ihm überrumpelt zu werden. Du *hast* Gefühle, aber du *bist* nicht deine Gefühle. So, wie du deine Gedanken beobachten kannst, so kannst du auch deine Gefühle beobachten.

Probiere es ruhig sofort einmal aus. Höre jetzt auf zu lesen und fühle ein, zwei Minuten in dich hinein.

Was hast du gefühlt? Und, vor allen Dingen, wo war das Gefühl und wo der Beobachter? Jetzt wird es spannend. Wenn du deine Gefühle quasi von außen beobachten kannst, kannst du diese unmöglich „sein“. Deswegen musst du dich nicht mit deinen Gefühlen identifizieren. Natürlich ist es sehr schön, sich mit guten Gefühlen wie Freude und Lust zu identifizieren, wenn auch genauso unkorrekt wie bei den schmerzlichen Gefühlen.

Gib negativen Gefühlen keine Macht über dich

Wenn du nun also zitternd vor Aufregung nach einer Zigarette gierst, ist es wichtig zu wissen, dass der Schmacht in dir nur so viel Schmerzen bereiten kann, wie du es ihm erlaubst. Er ist „nur“ ein Gefühl, das vorbeigeht. Verstärke ihn nicht mit Gedanken, sondern zerlege ihn in kleine Einzelteile. Damit nimmst du dem Gefühl seine Gewaltigkeit. Dieser riesige Berg ist nur ein Haufen aus einzelnen Steinchen. Wenn du das einmal begriffen hast, ist es viel leichter, die nächste Übung zu vollziehen.

Meditation auf den Schmacht. Spüre und analysiere aus dem überlegenen Abstand des Beobachters den Schmacht, der in dir aufkommt. Sei einfach nur mal neugierig. Wie fühlt er sich genau an? Aus welchen Komponenten besteht er? Wut, Ungeduld, Angst? Einsamkeit, Leere, Nervosität? Wo im Körper befinden sich diese Komponenten? Lokalisiere jedes einzelne Gefühl im Körper. Während du beobachtest, ist es von äußerster Wichtigkeit, dass du fühlst und benennst, ohne die Wahrnehmungen zu dramatisieren, wie in etwa so: „Oh Gott, wie schrecklich, das ist ja grausam, ich halte es nicht aus!" All solche Gedanken solltest du genauso vermeiden, wie du es vermeidest, einen Benzinkanister in ein brennendes Auto zu schleudern.

Du wirst erkennen, dass es den übergroßen Feuersturm gar nicht gibt, sondern „nur" viele kleine Brandherde, die mal angeschaut werden wollten. Wenn du ihnen nach und nach die nötige Aufmerksamkeit gegeben hast, verschwinden sie von alleine und erlöschen. Da du dich einmal genau mit dem Schmacht beschäftigt hast, weißt du, wie es sein wird, wenn er wiederkommt. Du bist vorbereitet auf den Sturm, der zwar trotzdem wieder über dich hereinbricht, aber dann weißt du: Er wird dir nichts antun können.

Für den kleinen Ärger zwischendurch. Was machst du, wenn es mal schnell gehen muss? Wenn du gerade keine Zeit hast, dich leidigen Gefühlen zu widmen? Es soll alles einfach nur verschwinden. Es gibt einige Tricks, damit du schnell wieder einen klaren Kopf bekommst. Natürlich unterdrückst du damit deine Gefühle. Aber die laufen dir nicht davon. Es gibt eben nur manchmal keine Zeit dafür. Mache diese Übung also nicht immer, sondern nur im Notfall.

Fingeryoga. Ein sehr gutes Mittel, wieder in ru nen zu gleiten, sind Mudras, also Fingeryoga es überall unauffällig praktizieren und wirst m Mudras tatsächlich funktionieren. Lege die Kuppen deiner Zeigefinger und die Kuppen deiner kleinen Finger zu je zwei Paaren aneinander und übe mittleren Druck aus. Also Zeigefinger zu Zeigefinger und kleiner Finger zu kleinem Finger. Mittel- und Ringfinger sind eingeklappt, berühren sich jedoch nicht. Die Daumen sind locker abgespreizt. Alles in allem macht jede deiner Hände dieses Zeichen, was die Metaller bei Konzerten so gern über ihren bangenden Köpfen vor- und zurückschwingen.

Du kannst die Wirkung noch verstärken, indem du die Hände Richtung Brustbein führst und die Daumen dieses leicht berühren. Spüre, wie dein oberflächlicher Stressatem sich sehr schnell in den Bauch verlagert und tief und gleichmäßig wird. Sofort verschwindet die Anspannung. Während du den wohltuenden Atem genießt, frage dich, ob es sinnvoll ist, sich aufzuregen, also ob du die Pfeife, die gerade auf deiner Nase rumtanzt, dadurch dazu bewegen könntest, damit aufzuhören. Probiere es einfach mal direkt aus.

Kleines Gedankenspiel: *Wie viele Menschen, glaubst du, denken auf ihrem Sterbebett: „Ach, hätte ich doch im Leben mehr geraucht."*

Stressbewältigung nach Christiaan Barnard. Eine sehr wirkungsvolle Methode, um schnell Stress zu bewältigen, wird dem bekannten Herzchirurgen Christiaan Barnard zugeschrieben. Im Jahr 1967 leitete Barnard ein 31-köpfiges Team, dem erstmals eine Herztransplantation am Menschen gelang. Na, der muss ja wissen, wie man mit Stress umgeht.

Wenn du merkst, dass sich negative oder Stress verursachende Gedanken in dir ausbreiten, sage ein klares und deutliches „Halt!“. Atme nun langsam ein und langsam wieder aus. Beim Ausatmen lasse die Schultern fallen und entspanne deine Hände. Atme nun noch einmal tief ein und achte beim Ausatmen darauf, dass dein Kiefer entspannt ist und deine Zähne locker aufeinander liegen und sich nicht aneinanderpressen. Atme noch einige tiefe und bewusste Atemzüge.

Schritt 4

Besiege den Raucher in dir

Ist das Nikotin besiegt, drängt ein Gegner in den Vordergrund, der aus ganz anderem Holz geschnitzt ist. Seine Tricks, dich wieder ans Rauchen zu bringen, sind vielfältig und ausgefeilt. Er hat kein Problem damit, dir in den Rücken zu schießen oder auf dich einzutreten, wenn du am Boden liegst. Moral oder Fairplay kennt er nicht. Er ist das Böse. Ein Betrüger par excellence, den niemand auch nur in seiner Nähe wissen will. Gegen ihn ist der innere Schweinehund ein zahnloses Schoßhündchen und nur eines seiner unzähligen Werkzeuge. Aber er kämpft nicht mit der Keule, wie das plumpe, dumme Nikotin. Er bearbeitet dich 24 Stunden am Tag, 7 Tage die Woche mit Präzisionswerkzeugen und Skalpell. Dabei manipuliert er dich so geschickt, dass du es nicht einmal merkst. Er ist der Grund, warum viele Ex-Raucher sich nach Monaten wie von Geisterhand mit einer Zigarette im Mund und dem Kopf voller Fragezeichen wiederfinden.

Nikotin ist innerhalb einer Woche besiegt. Der nächste Gegner aber kämpft wochen- und monatelang und gibt niemals auf. Er flüstert leise im Hintergrund, schmeichelt, macht Mut und lässt einen glauben, man hätte es geschafft und alles im Griff. Aber dann schlägt er in einem Moment der Schwäche und Unaufmerksamkeit erbarmungslos ein wie eine fliegende Axt. Er hat alle Zeit der Welt, sitzt dich aus und lauert hinter jeder Ecke. Leise und blitzschnell jagt er dir die winzigen Gedanken „So schlimm war es nicht" oder „Jetzt eine rauchen, das wär nett" durch den Hinterkopf und verschwindet, ehe du ihn bewusst wahrnimmst. Du misst dem keine Bedeutung bei und lächelst sogar über den „Witz". Aber dennoch hat er eine kleine Spur in deinen Datenautobahnen hinterlassen ...

> ***Wenn du deinen Feind kennst und dich selbst kennst, brauchst du das Ergebnis von 100 Schlachten nicht zu fürchten.***
>
> *– Sunzi*

Diese Zeilen sind entscheidend für dauerhaften Erfolg oder Misserfolg. Das spürt dein innerer Gegner und macht genau in diesem Moment alles, damit du das, was du gerade liest, innerlich ablehnst. Sei dir gewiss, wenn es so ist, hat dein zweiter Gegner in diesem Moment Macht über deinen Geist und dein Bewusstsein. Also, wer ist dieser abartig dreckige Gegner? Kleiner Tipp: Schau mal in den Spiegel. Du bist es selbst. Deswegen ist dieser Gegner genauso gewitzt und genau so stark wie du. Er ist der Feind in dir! Das macht den zweiten Teil des Nichtraucherwerdens so schwierig.

Die folgenden Zeilen, können eventuell etwas schwer zu verdauen sein, und doch ist es wichtig für deinen Erfolg, dass du diesen Gedankengang verinnerlichst. Kannst du dich diesem Gedanken öffnen, begreifst du, warum dein zweiter Gegner so schwierig zu besiegen ist.

Sein oder nicht sein, das ist die Frage. Du machst nicht Mann oder Frau, sondern du bist Mann, du bist Frau. Dein Geschlecht ist somit Teil deiner Persönlichkeit. Nimm einmal an, dir würden alle Eigenschaften weggenommen, mit denen du dich identifizierst. Ab jetzt bist du nicht mehr Mann oder Frau. Aber auch nicht das Gegenteil. Du bist also weder Mann noch Frau. Du bist nicht blond oder brünett, nicht einmal kahlköpfig. Die Definition „Haare" gibt es für dich nicht mehr. Oder stell dir vor, jemand würde dir die Definition „Mensch" stehlen. Kurz gesagt, man beraubt dich deiner Persönlichkeit. Du würdest doch alles tun, um das zu verhindern, oder? Warum? Weil du ja „jemand" sein musst. Niemand zu sein, ist unvorstellbar. Es geht nicht anders, wir halten uns an unserem Ego fest. Ohne ein Sein sind wir nichts.

Jetzt gibt es das Problem, dass „Raucher sein" Teil deiner Persönlichkeit ist. Deswegen sagst du: „Ich bin Raucher", und nicht: „Ich mache mir Zigaretten an". Menschen, die nur ab und zu rauchen, sagen: „Ich rauch mir eine." Wärest du Gelegenheitsraucher, der sich nur ab und an aus Lust und Laune eine ansteckt, hättest du dieses Buch schon lange weggelegt. Bestreitest du das, unterschätzt du deinen Gegner und machst ihm das Spiel leicht. Denke an die vielen Ritualzigaretten, die Verbundenheit mit anderen Rauchern und so weiter. Sie sind ein Teil deines Lebens – und somit Teil von dir.

Du musst einen Teil deiner Persönlichkeit vernichten. Es ist, als würdest du die Frau oder den Mann in dir auslöschen wollen. Dein Raucher ist dir in den letzten Jahren wortwörtlich in Fleisch und Blut übergegangen. Er wird um sein Leben kämpfen und sich nicht einfach vertreiben lassen. Nach einer Woche Abstinenz hast du Nikotin aus deinen Körperzellen rausgewaschen und bist entgiftet. Der Raucher hingegen hat sich in deinen Geist und deine Persönlichkeit eingelagert. Die kann man nicht einfach mal so in einer Woche ändern. Deswegen wird niemand in fünf Stunden Nichtraucher.

Wer oder was bin ich? Ein Säugling unterscheidet nicht zwischen sich selbst und „dem da draußen". Er ist wortwörtlich eins mit der Welt. Das Bewusstsein für den eigenen Körper, der sich von der Umwelt abgrenzt, muss sich mit den Jahren entwickeln. Ab dem zweiten Lebensjahr nimmt dieser Prozess Fahrt auf. Im Spiegel ist plötzlich ein ‚Ich' zu erkennen Das „Eins" teilt sich in ein „Ich" und eine Umwelt. Das Ich beginnt, sich mit dem Körper zu identifizieren, den es bewohnt. Gleichzeitig wird die Welt außerhalb dieses *Körper*s als „Nicht-Ich" wahrgenommen. Wir beginnen nun zu unterscheiden, was „Ich" ist und was nicht zu diesem Ich gehört. Diese Unterscheidung hört sich recht banal an, ist aber in Wahrheit ein hoch anspruchsvoller Entwicklungsprozess. Alles, was in und mit unserem Körper geschieht, gehört zu unserem Ich – der *Körper selbst, unsere Gedanken und Gefühle, aber auch unsere* Biografie, wobei diese eigentlich auch nur wieder aus Gedanken und Gefühlen besteht.

Dieses Ich macht dich zu einem einzigartigen Wesen. Deine Augen- oder Haarfarbe, deine Vorlieben, deine Gedanken und, vor allen Dingen, die Eindrücke, die du im Laufe deines Lebens gesammelt hast, gibt es kein zweites Mal im ganzen Universum. Gab es nie und wird es nie geben, selbst wenn wir von Multiversen ausgehen würden. Diese Ansammlung macht deine Persönlichkeit, dein einzigartiges Ich aus.

Die meisten Menschen gehen davon aus, nur ein Ich zu sein. Das liegt wohl daran, dass wir nur einen Körper haben. Aber in Gegenwart eines Kindes bist du ein völlig anderer als in einer Verhandlung mit einem knallharten Konkurrenten. Nicht nur, dass du jeweils anders mit ihnen redest. Du fühlst dich währenddessen auch anders. Während du mit einem Kind wild herumtollst und furchtbar albern bist, wirst du bei einem Geschäftstermin konzentriert und ernst. Würde jemand nur deine Handlung, Stimmlage und Mimik in den jeweiligen Situationen aufnehmen, würde er von zwei völlig unterschiedlichen Personen ausgehen. Vielleicht erwiderst du jetzt, dass du in dem Moment nur eine Rolle spielst. Aha, soso, „nur eine Rolle" ... Ich hake da mal vorsichtig nach: Wann spielst du? Beim Geschäftstermin oder beim Herumtollen mit dem Kind? Spielst du der eigenen Mutter nur eine Rolle vor, wenn du mit ihr telefonierst? Spielst du dem Partner beim Abendessen den Romantiker nur vor, oder bist du tatsächlich romantisch? Wann genau bist du die Person, die du meinst zu sein? Wann bist du wirklich dein wahres, dein einziges Ich?

Vor allen Dingen lässt sich dann fragen: Wie lange hält das an? Ist es eher quantitativ oder qualitativ erkennbar? Gibt es dein jetziges Ich schon immer oder erst seit einigen Jahren? Seit wie vielen Jahren? Und für wie viele Jahre: zwei, fünf, zwanzig? Was kommt danach? Und war dann dein jetziges Ich doch nicht dein „wahres Ich"? Kannst du irgendetwas total Unveränderliches an dir definieren? Etwas, das sich seit deiner Kindheit nie ändert, egal, mit wem du zusammen bist oder warst? Wer oder was macht dich aus? Was macht dich zu dem, was du bist? Bist du Kaffeetrinker oder trinkst du nur gelegentlich eine Tasse Kaffee? Machst du deinen Job, um Geld zu verdienen, oder ist es wirkliche Leidenschaft und Berufung? Womit identifizierst du dich? Damit, Kind deiner Eltern, Enkel deiner Großeltern, Vater oder Mutter zu sein? Mit deiner Religion? Bist du Vegetarier? Tierfreund? Oder freundlicher Kollege? *Schreibe ruhig mal in Stichworten auf, wer du bist. Was macht dich zu dem, der du bist?*

andere Weltansicht, gerade
heraus, verträumt, zerbrechlich

Ich bin Mann/Frau, alt/jung, selbstbewusst/schüchtern …

ich bin ein sehr emotio-
naler Mensch, dem es schwer
fällt den „sicheren Hafen" zu
verlassen

Ich liebe …

meine Tochter, meinen Mann,
meine Familie, Zeit in der
Natur, Räucherstäbchen, Lesen,
Zeichnen, Kreativität, schwi
mmen, Meer, Urlaub, Griech-
enland, Harmonie & Frieden

Ich hasse …

laute Menschenmassen, große Menschenmassen, Stress, Druck, Hektik, Streit, unwohl fühlen, mit mir selbst nicht im reinen zu sein

Schreibe spontan zehn Merkmale auf, die dich noch ausmachen. Schlagworte genügen.

1. offen
2. freundlich
3. gutherzig
4. Verträumt
5. verplant
6. liebevoll
7. Sanftmütig

8. ~~nachtragend~~

9. voller ideen

10. große Ziele

Fertig? Lies bitte nicht weiter, bevor du die Aufgabe gemacht hast.

Streiche nun eins nach dem anderen weg, und zwar erst die weniger relevanten Teile in dir und später die wirklich wichtigen. Spüre nach jedem Durchstreichen in dich hinein. Bist du weniger „Ich", wenn du kein Kaffeetrinker oder nicht mehr Anhänger deiner Lieblingsmannschaft bist? Wer bist du dann? Wer oder was bleibt übrig, wenn du nach und nach auch kein Langschläfer oder nicht mehr schüchtern bist? Was bleibt, wenn „Vater", „Frau", „Mensch" weggestrichen ist? Bist du dann noch du oder dein Ich? Und wenn in dir nicht mehr ist, was du bist, wer ist dann in dir?

Goethe ließ Dr. Faust schon laut von seinen zwei Seelen „ach in seiner Brust" klagen. In dir sind sowohl der nüchterne Geschäftsmann wie auch das alberne Kleinkind, der liebende Romantiker wie der ehrgeizige Sportler. Diese und noch viele andere Charaktere dürfen und müssen sein. Aber jeder zu seiner Zeit. Du bist kühl und kalkulierend beim Geschäftsessen, aber auch romantisch beim Dinner mit der Liebsten. Verwechsle das Setting bitte nie ;-) All diese Persönlichkeiten hast du in dir; sie dürfen sein und sind wichtig, denn erst alle zusammen machen dich zu dem, der du (jetzt) bist.

Aber du bist auch ein Raucher! Nur darf dieser jetzt nicht mehr sein und soll einfach mal so gelöscht werden. So wie der Geschäftsmann und der Romantiker sich wehren würden, wenn du sie vernichten wolltest, macht es der Raucher natürlich auch. Ich wiederhole noch einmal in aller Deutlichkeit: Du musst einen Teil von dir umbringen!

Selbstverständlich kämpft der Raucher ums Überleben und wird sich nicht kampflos eliminieren lassen. Du aber wirst ihn auch nicht mal eben so von dir abstoßen wollen. Er ist schließlich ein bedeutender Teil von dir. Seine Abwehrstrategie ist unerschöpflich. Mal ist er lange Zeit still und lässt dich glauben, er wäre besiegt. Dann, plötzlich, prügelt der totgeglaubte Bösewicht aus dem Nichts heraus mit einer zusammengetrommelten Söldnertruppe erbarmungslos auf dich ein. Mal flüstert er nur ab und an seine Lobeshymnen aufs Nikotin und ein andermal nimmt er dich unter Dauerbeschuss und tanzt in Springerstiefeln auf deinen Nerven einen Tango Argentino, dass dir schwindelig wird!

Wenn du darauf nicht vorbereitet bist und in der Ruhephase nicht an dir gearbeitet und die Schutzschilde hochgefahren hast, wird er dich vernichten. Das sind nur ein paar Beispiele, wie dein Raucher gegen seinen Tod kämpfen wird. Dir wird bestimmt noch mehr einfallen. Wenn nicht dir, dann deinem inneren Raucher. Sei dir da ganz sicher. Er ist deine substanzungebundene Sucht. Mit dem Rauchen aufzuhören, ist eben nicht nur das Lösen vom Nikotin.

> ***Der gefährlichste Augenblick kommt mit dem Sieg.***
>
> *– Napoleon Bonaparte*

Die Veränderung von Gewohnheiten und Verhaltensweisen dauert ungefähr drei Monate, und was sich anfänglich noch fremd anfühlt, wird mit der Zeit neuer Bestandteil deines Selbst. Die alten Muster sind dann so weit weg wie ein Traum, aus dem man erwacht ist – im Fall des Rauchers aus einem Albtraum. Erschrecke nicht, dass es drei Monate dauert, wenn du doch schon bei Stunde eins fast durchdrehst. Von Tag zu Tag erlebst du dich immer selbstverständlicher als Nichtraucher. Die Phasen, in denen du zweifelst und scheinbar alles in dir nach einer Kippe schreit, dauern nur kurz an – wenn du sie mit den Lehren und Techniken aus diesem Buch behandelst.

Drehe in dir Kurzfilme der neuen Version deines Lebens. Du stehst mit Freunden zusammen, von denen einige rauchen. Dabei bist du mindestens genauso glücklich und kannst die Pause und das Beisammensein ebenso genießen wie früher, als du noch meintest, eine Zigarette in der Hand halten zu müssen. Verfahre so mit allen Ritualzigaretten. Wiederhole diese Filme immer wieder in dir, damit dein inneres Bild mit dem äußeren übereinstimmt. So wird diese neue Verhaltensweise für dich mit der Zeit immer selbstverständlicher. Du „überschreibst“ alte Verhaltensmuster. Wenn du weißt, dass du bald in eine bestimmte Situation hineingerätst, wie den Besuch einer Party oder das Zusammentreffen mit Kollegen, dann spiele die neue Version vorher immer und immer wieder durch.

Gemeinsam rauchen hat sehr viel Verbindendes und man hat das Gefühl, jetzt irgendwie nicht mehr dabei zu sein oder eine „geheime Absprache“ zu brechen. Obwohl du weißt, dass das objektiv gesehen unwahr ist, fühlt es sich subjektiv aber genau so an. Halte die Situation einfach aus. Denn natürlich mag man dich und deine Anwesenheit, und nicht die Zigarette in deiner Hand. Und ein paar blöde Sprüche oder Frotzeleien der Kollegen gehören anfänglich nun mal dazu.

Am Anfang des Buches hast du deine Standard- und Ritualzigaretten aufgeschrieben. Diese Liste brauchst du jetzt für einen extrem wichtigen Trick, der dich vor einem Rückfall bewahrt. Jede Ritualzigarette bezeichnet ein Problem bzw. eine Aufgabe. In diesem Fall kann man „Aufgabe“ wortwörtlich nehmen, denn du willst diese Ritualzigarette schließlich aufgeben.

Schreibe nun zu jeder Aufgabe mindestens eine neue Verhaltensweise bzw. Lösung. Als Beispiel: Wenn du es gewohnt bist, beim Kaffee eine Zigarette zu rauchen, trinke in der ersten Zeit einfach Tee. So kommst du erstens nicht in Versuchung und entdeckst dich zweitens ein wenig neu.

Problem/Aufgabe: *Ich rauche nach dem Essen.*

Lösung:

nach dem essen Kaugummi kauen

Problem/Aufgabe: *Ich rauche mit Kollegen.*
Lösung:

....

....

....

Problem/Aufgabe: *Ich rauche mit Person* ....
Lösung:

....

....

....

Problem/Aufgabe: *Ich rauche bei(m)* Telefonieren .
Lösung:

Alles gefasst und in Ruhe angehen

....

Problem/Aufgabe: *Ich rauche nach* dem Radfahren .
Lösung:

Schöne Gedanken machen

....

....

Problem/Aufgabe: Ich rauche bei Stress.

Lösung:

Durchatmen, Mudra, kurz ein paar Minuten für mich nehmen

Problem/Aufgabe: Ich rauche bei Langeweile.

Lösung:

Ablenken, Fokus wechseln

Problem/Aufgabe: Ich rauche aus Gewohnheit.

Lösung:

Über jede Zigarette nachdenken

Problem/Aufgabe: Ich rauche in der Früh.

Lösung:

Tee trinken und alles in Ruhe machen, kurze Morgenmeditation

Problem/Aufgabe: *Ich rauche* ....
Lösung:

....

....

....

Problem/Aufgabe: *Ich rauche* ....
Lösung:

....

....

....

Glaube dem Raucher in dir kein Wort. Er lügt und betrügt. Sei dir immer bewusst: Der Raucher in dir bist nicht du!

Er hat sich bei dir eingeschlichen und hat dir über Jahre hinweg erzählt, er wäre ein besonders wichtiger Teil von dir. Süchtig und vom Nikotin benebelt, hast du ihm geglaubt und ihm Platz in dir, deinem Leben, deinen Gedanken, Ritualen und Handlungen eingeräumt. Dieser Parasit lebt in und von dir. Lasse dir das nicht mehr gefallen. Der innere Raucher ist nur ein widerlicher kleiner Kobold. Eine Chimäre! Letztendlich bedeutungslos.

In kürzester Zeit wirst du dich fragen, warum du Rauchen früher so wichtig fandest, wo es doch nüchtern betrachtet nur armselig und unsinnig ist. Solltest du aber weiterhin heimlich denken, dass Rauchen eigentlich toll war, wirst du dem Raucher immer tausend offene Türen und Sc[illegible]wege in deinem Bewusstsein offen lassen. Ein einziger Moment der Schwäche reicht dann aus und du greifst zur Zigarette. Lasse keinen einzigen positiven Gedanken über das Rauchen zu. Nie, auch nicht zum Spaß. Denn das ist kein Spaß, sondern (Tod-)Ernst! Nun gibt es nur ein Ziel: den Raucher in dir zu töten.

Du musst dich entscheiden: entweder du oder der Raucher. Du kannst *jetzt* dein Leben retten! Worauf noch warten? Bist du bereit zu handeln? Gut, dann kann es ja losgehen. Springe mit allem Mut und aller Entschlossenheit in dein persönliches Abenteuer und in die Freiheit. Zugegeben, es kann ein harter und steiniger Weg werden. Aber dieser Weg muss gegangen werden. Halte durch!

Falls du jetzt denkst: „Harter und steiniger Weg? Oha, so tödlich kann Rauchen doch gar nicht sein. Vielleicht wäre es doch einfach besser, weiter zu rauchen, oder?“ – Leider nein. Die Wahrheit ist:

Rauchen ist wirklich tödlich!

Erst machen sie dich süchtig, dann bringen sie dich um. Ich weiß, du würdest bei den folgenden Seiten gerne in den Blabla-Modus schalten oder hast es sogar schon gemacht. Denn jetzt kommt wieder der Sermon von der Schädlichkeit des Rauchens, den du schon hundertmal gehört hast. Aber bitte gib es dir trotzdem noch ein einziges Mal. Es dauert wirklich nicht lange und hilft dir, im entscheidenden Moment standhaft zu bleiben. Mir geht es auch gar nicht um die Stoffe an sich, die in der Zigarette drin sind, sondern um die Skrupellosigkeit der Tabakindustrie, die diese Dinge dem Tabak beimischt. Ich habe mich unheimlich aufgeregt, als mir zum ersten Mal wirklich bewusst wurde, dass ich mit Vorsatz umgebracht werde. Warum dürfen sie der Zigarette solche Stoffe zusetzen? Warum machen sie es? Antwort: Macht, Lobbyismus, Geldgier.

Laut einem internen Dokument von British American Tobacco aus dem Jahr 1963 handelt es sich bei Nikotin um eine Droge, die süchtig macht und zu „unattraktiven Nebenwirkungen" führen kann, zum Beispiel Lungenkrebs, Herz-Kreislauf-Störungen und Lungenemphyseme, die „Ersticken bei lebendigem Leib" bewirken können. Noch mal zurück: Von wem stammt diese Notiz? British American Tobacco? Was sind das für Kreaturen, die aus reiner Profitgier Millionen Menschen Gift verkaufen und den Tod durch Ersticken zynisch als „unattraktive Nebenwirkung" bezeichnen? Ich würde ja sagen: „Menschenverachtende A…", aber deren Anwälte sind wahrscheinlich besser als meiner. Also, noch mal ausdrücklich, lieber Phillip und lieber Morris: Ich habe nichts gesagt. Aber ich verabscheue euch zutiefst.

Doch damit ist es ja noch nicht genug. Bei Tierexperimenten wurden verschiedene Drogen auf ihr Abhängigkeitspotenzial getestet. Das Ergebnis ist sowohl eindeutig als auch besorgniserregend: Die Zigarettenhersteller mischen Gifte zu, um die eh schon stark süchtig machende Wirkung des Nikotins zu steigern, sodass Nikotin stärker abhängig macht als Heroin. Du wirst also mit Vorsatz süchtig nach einem Produkt gemacht, welches nachweislich deine Gesundheit ruiniert und dir letztendlich einen qualvollen Tod bereiten kann.

Ich hoffe, du bist geschockt und erschüttert, was dir jahrelang aus Profitgier angetan wurde. Du sagst mit Recht: „Jetzt reicht es mir aber langsam.“ – Ja, das glaubst du in deinem jugendlichen Leichtsinn. Aber diese Herren haben sehr viel Fantasie, damit du ihre Kassen füllst und es dir beinahe unmöglich wird, von der Zigarette loszukommen. Die Liste, die jetzt folgt, ist nur ein kleiner Ausschnitt aus unzähligen abartigen Widerwärtigkeiten.

Weitere Suchtstoffe. Es werden mehr als 600 (!) Substanzen vermutet, die Zigaretten herstellende Firmen dem Tabak beimischen. Sie bewirken, dass Nikotin schneller in die Blutbahn und ins Gehirn gelangt, damit die Zigaretten noch abhängiger machen. Unter den mehreren tausend Inhaltsstoffen des Tabaks sind viele Erbsubstanz verändernde und krebserregende Substanzen. Fast 100 karzinogene oder als karzinogen vermutete Stoffe wurden bisher im Tabak analysiert.

Ich weiß selbst, dass solche Listen überall inflationär verbreitet werden und du jetzt einfach schnell mit den Augen zum Ende der Liste fliegen willst. Weil es erstens langweilt und du zweitens ja eh Bescheid weißt, dass Rauchen gesundheitsschädlich ist, bla, bla, bla. Aber bitte: Tu mir dir den Gefallen und lies es dieses eine Mal genau durch und erinnere dich auch immer wieder daran, was du dir da wirklich reinpfeifst, wenn du ein Kippchen rauchst. Die folgende Liste zeigt nur eine kleine Auswahl an Zusatzstoffen, die die Zigarettenindustrie zusetzt, um dich abhängig zu machen:

- **Ammoniak** ist ein farbloses, giftiges Gas, das jede deiner Zellmembranen durchdringen und dort Schäden verursachen kann. Ammoniak ist es, das den rauchigen Geschmack der Zigarette erzeugt. Ein gern gesehener Nebeneffekt ist die beschleunigte Aufnahme des Nikotins, die damit die Suchtwirkung dramatisch erhöht.
- **Acetaldehyd** entsteht beim Verbrennen von Zucker, der dem Tabak ebenfalls beigemischt wird. Aber nicht, damit die Kippe besser schmeckt, sondern sich weil durch das Acetaldehyd die Suchtwirkung verdoppelt.
- **Teer** wird zwar nicht dazugemischt, ist aber ein sehr mieses Nebenprodukt beim Rauchen. Teer verklebt die Flimmerhärchen der Lunge. Gemeinsam mit den anderen Giftstoffen in der Zigarette kommt es auf diese Weise zu Atemwegserkrankungen, zum Beispiel zur COPD (chronisch obstruktive Lungenkrankheit) bis hin zu Lungenkrebs. Besonders die COPD, die sich im Anfangsstadium mit dem typischen Raucherhusten äußert, ist eine immer häufiger werdende Krankheit.

Und damit ist es bei weitem nicht genug:

Substanz	Vorkommen
Aceton, Toluol	Lösungsmittel
Ammoniak, Methanol, Benzol	Reinigungsmittel
Arsen, Blausäure	Gift

Butan	Feuerzeuggas
Blei, Cadmium, Nickel, Zink	Bestandteil von Batterien
Formaldehyd	Desinfektionsmittel
Kohlenmonoxid	im Auspuffgas
Phenole	Schädlingsbekämpfung
Radon, Polonium	radioaktive Stoffe

Jedes dieser Gifte allein genommen zerstört deinen Körper. Dabei ist die Interaktion all dieser und weiterer hunderter Zusätze absolut unkalkulierbar. Tag für Tag, Zigarette für Zigarette, gelangt dieser Giftcocktail in jede einzelne deiner hundert Billionen Zellen, die nicht die geringste Chance haben, ihn zu überstehen. Dieser langsame, qualvolle Tod eines Organismus findet nicht irgendwo statt, sondern jetzt in diesem Augenblick in dir!

Ob die Tabakindustrie ihren Kippen nun Schwefelsäure oder radioaktive Substanzen wie Radon oder Polonium beimischt, oder auch Formaldehyd, welches man als Desinfektionsmittel benutzt, ist letztendlich Nebensache. Wichtig ist nur, dass du weißt: Schaffst du den Absprung nicht rechtzeitig, wartet auf dich ein langwieriger und qualvoller Tod, dem jahrelange Angstzustände infolge massiver Atemnot vorausgehen. Die Chemiker, Biologen und sonstigen hochbezahlten Fachkräfte, deren Studium von öffentlichen Mitteln (u. a. deinen Tabaksteuern) finanziert wurde und die sich jetzt eine goldene Nase verdienen, schrecken vor nichts zurück. Nichts ist ihnen zu abartig oder widerlich, wenn es darum geht, Menschen abhängig zu machen. Ihren Chemiebaukasten scheinen sie immer wieder aus dem Baumarkt aufzufüllen.

Während Millionen Menschen elendig krepieren, bleiben die Aktionäre der Tabakindustrie völlig gelassen, freuen sich über fette Dividenden und lassen die Sektkorken knallen. Nach meinem Verständnis ist das, was die Tabakindustrie tut, vorsätzlicher Mord, oder zumindest vorsätzliche Körperverletzung aus niederen Beweggründen. Das wäre es juristisch auch, würden diese Menschen dir die Zigaretten in den Mund stecken und anzünden. Aber das haben die gar nicht nötig. Du machst es freiwillig. Die argumentieren: Wir verkaufen nur ein Produkt, und was der Kunde damit letztendlich anstellt, geht uns nichts an.

“ ***Bist du nun bereit, um dein Leben zu kämpfen? Wirklich?*** ”

Schritt 5

Finde Helfer und Mitstreiter

Es ist nicht die eine Sucht, nicht das eine schwere Thema, nicht die eine Hürde, sondern es sind etliche Hürden, Themen und Süchte, die alle gleichzeitig überwunden werden müssen. Deswegen braucht es ebenso viele Strategien, Tricks und Kniffe, um den Kampf zu gewinnen. Also, jetzt wird's ernst.

„Jetzt wird's ernst?", fragst du dich gerade? „War das davor etwa Ponyreiten auf dem Kindergartenausflug?" – Ähm, ja, schon irgendwie. Ich habe ich dich bisher gegen deine Gegner aufgewiegelt, ihre Stärken und Schwächen analysiert, und du hast an deiner Persönlichkeit gearbeitet. Jetzt bekommst du einen handfesten Plan, wie du deine Sucht überwindest. Achtung! Wenn du die folgenden Seiten nur liest, aber die Punkte nicht genauso in die Tat umsetzt, wie ich sie dir vorlege, kannst du dir auch ein Yps-Heft oder die legendären Bestseller von einem Engländer zulegen, der dir verspricht, es gäbe einen einfachen Weg zum Nichtraucher. Ich rate dir in dem Fall eher zum Yps-Heft, denn dort bekommst du wenigstens noch ein Gimmick dazu. So, und da wir nun so schön dabei sind: Hast du den Vertrag am Ende von Schritt 2 unterschrieben? Nein? Warum nicht? Weil du nicht sicher warst, ob dir das Buch zusagt? Okay.

Jetzt ist der Zeitpunkt gekommen, dass du zu deinem Wort stehst und dir selbst schriftlich das Versprechen abnimmst, dass du jetzt einen der wichtigsten Schritte deines Lebens durchziehst. Unterschreibe bitte den Vertrag. Ich warte so lange hier auf dich.

Heilkräuter gegen die Sucht. Bevor es losgeht, möchte ich dir noch drei Pflanzen vorstellen, die dich wunderbar unterstützen können. Die Abneigung gegen Tabletten ist in Deutschland sehr hoch. Ich rate dir trotzdem dringend davon ab, deine Anfangslaunen allein durchstehen zu wollen. Zigaretten sind definitiv ein Beruhigungsmittel, und das Fehlen von Nikotin wird eine schwere Herausforderung. Ich habe mit Baldrian und Johanniskraut sehr gute Resultate erzielt und musste sie auch nicht lange nehmen. Kudzu ist eine geniale Pflanze, die dein Rauchverlangen reduziert und, wie in meinem Fall, sogar stoppen kann. Ich stelle die Pflanzen nur kurz vor. Zwar könnte ich gerade über Kudzu Lobeshymnen schreiben, lasse es aber aus Zeit- und Platzgründen. Wenn es dich interessiert oder du mehr wissen möchtest, dann google es bitte einfach.

Johanniskraut ist der Gute-Laune-Macher. Du wirst immer wieder in Situationen kommen, in denen du dir früher eine Zigarette angesteckt hast, um schlechte Laune „wegzurauchen“. Mit der Zeit wirst du negative Gefühle auch ohne Zigarettendunst aushalten. Interessanterweise sind die Launen auch gar nicht so schlimm, wie sie sich am Anfang gebärden. Die negativen Gefühle, die du in der Anfangszeit des Rauchstopps hast, sind meistens nur Symptome des Nikotinentzugs. Erinnere dich an die Hormone. Johanniskraut ist, wie Kudzu auch, nur eine Krücke,

die du für eine absehbare Zeit nutzt und dann nicht
benötigst. Folge den Anweisungen der Packungsbeilage.

Baldrian. Für Baldrian gilt das Gleiche wie für Johanniskraut. Während Johanniskraut aber eher eine belebende Wirkung zeigt, wirkt Baldrian besänftigend und beruhigend. Johanniskraut ist der Spaßmacher und Baldrian die Gute-Nacht-Geschichte. Baldrian beruhigt, kann aber auch etwas benommen und schläfrig machen. Also, bitte vorsichtig verwenden und die Packungsbeilage beachten.

Kudzu ist ein Wunderkraut gegen Schmacht. Es ist weder Beruhigungsmittel noch Stimmungsaufheller und hat auch nicht irgendeine andere Wirkung auf die Psyche. Wärst du nicht nikotinabhängig, würdest du überhaupt keine Wirkung spüren. Es ist quasi ein Platzhalter für Nikotin und gaukelt den Nerven vor, du hättest es zu dir genommen. Das bedeutet, deine Nerven schreien nicht nach Nikotin. Ich stelle dir meine persönliche Dosis vor, die mir geholfen hat. Die ersten drei Tage sechs Kudzu-Tabletten über den Tag verteilt. Die erste direkt nach dem Aufstehen, die letzte an Stelle deiner rituellen Abendzigarette. Wenn der kleine Hunger zwischendurch kommt, sprich, irgendein Schmacht, nimm eine Kudzu. Du kannst Kudzu auch als Tee aufbrühen. Ich empfehle die Tablettenform, da sie einfacher zu handhaben ist.

Tag 1–3	6 Stück plus bei Bedarf
Tag 4–6	4 Stück plus bei Bedarf
Tag 7–8	3 Stück plus bei Bedarf
Tag 9–10	2 Stück plus bei Bedarf
ab Tag 11	Nach Bedarf

Wenn du deinen Körper nach einer Woche vom Nikotin befreit hast, hast du die Todeszone durchschritten. Den härtesten Teil hast du geschafft. Nun kannst du deinen Weg befreit von der körperlichen Abhängigkeit fortsetzen.

Wenn es doch diese Wunderkräuter gibt, warum solltest du dir dann den Rest dieses Buches antun? „Ich muss doch nur die Pillen schlucken und alles ist gut", denkst du vielleicht gerade. Leider falsch. Die Pflanzen sind nur ein Teil des Ganzen. Du musst dennoch deinen inneren Raucher bezwingen und dich neu erfinden, um ihn für immer loszuwerden. Das kann dir keine Pflanze oder Tablette der Welt abnehmen.

You'll never walk alone. Suche dir Mitstreiter. Wer oder was kann dir Rückhalt geben und dich dazu animieren weiterzumachen, wenn du strauchelst? Frage Freunde, ob du sie anrufen darfst, wenn es eng wird. Überlege dir, was dich noch unterstützen kann und besorge es *vorher*. Stelle dir zum Beispiel eine Schale frisches Obst auf den Tisch, damit du gleich in ein gesundes Leben startest. Es können auch Fisherman's-Friend-Bonbons helfen. Die sind sehr scharf und putzen den Rachen durch, wenn du diesen kratzigen Reiz des Rauchens vermisst. Lade dir beruhigende Musik auf dein Handy und so weiter. Es gibt so viele Ideen. Mache dir selbst ein paar Gedanken.

Erstelle eine Liste, bevor es losgeht. Rede mit den Menschen, deren Hilfe du dir vorstellen kannst, und bespreche vorher mit ihnen, wie diese Hilfe aussehen kann.

Keine Termine, keine Verpflichtungen,

Ruhe, Gelassenheit, Harmonie,

dost, Zeit für mich, Vater
kaugummi

Und führe mich nicht in Versuchung … Vernichte alles, wirklich *alles*, was mit dem Rauchen zu tun hat. Trage es schon mal zusammen, um es an Tag X zu vernichten: Aschenbecher, Tabakreste, Stopfmaschine, Tischfeuerzeug, Filterhülsen …

… und ja, auch und gerade die:

die Notfallkippe!

Wenn ich frage, wie viel zwei und zwei ist oder ob rechts oder links Vorfahrt hat, wird die Antwort wie aus der Pistole geschossen kommen. Über viele Dinge musst du nicht einmal nachdenken. Das wäre in unserem komplexen Leben auch nicht möglich. Wichtige Informationen, die du immer wieder brauchst, speichert das Gehirn so ab, dass diese reflexartig zur Verfügung stehen. Wenn du jedes Mal im Straßenverkehr überlegen müsstest, wer denn nun Vorfahrt hat, kämst du nie ans Ziel. Wenn dich jemand fragt, ob das Auto, dem du gerade die Vorfahrt gewährt hast, rot oder grün war, fragst du eventuell: „War da ein Auto?“ Natürlich hast du es gesehen und entsprechend gehandelt, aber ohne bewusstes Zutun. Alltägliche Prozesse und Routinen laufen unbewusst ab.

Für alles und jeden, für jede Handlung oder Person, hast du vorgefertigte Programme. Schuhe gehören an die Füße, bei Regen wird man nass und Zigaretten werden geraucht. Sobald du eine Zigarette siehst oder etwas anderes, das mit Rauchen zu tun hat, werden die Programme für Rauchen automatisch aktiviert. Je öfter bestimmte Programme aktiv sind, umso mehr Raum bekommen sie im Gehirn. Ziel ist es nun, diese Programme aufzulösen. Du bist im klassischen Sinne nach Pawlow auf alles konditioniert, was mit Rauchen zu tun hat: Auf äußeren Reiz folgt Reaktion, also Rauchverlangen. Ich erkläre später noch ausführlich, was es mit diesem Experiment auf sich hat, falls du noch nie davon gehört haben solltest. Genauso, wie Pawlows Hunde mit Sabbern eine Reaktion zeigten, reagiert dein Körper mit Schmachtsymptomen. Die Hunde haben ihrer körperlichen Reaktion wenig gegenüberzustellen, sind sie sich derer wahrscheinlich nicht einmal bewusst. Du aber bist es und kannst kognitiv gegensteuern – wobei es dann aber immer zu einem inneren Konflikt kommt, der Nerven und Energie kostet. Diesem Konflikt kannst du einfach aus dem Weg gehen, indem du alles fortwirfst, was diesen Reiz auslösen kann.

Wetten, dass ... du, wenn du diesen Punkt nicht umsetzt, eine Riesenchance verpasst? Jetzt kommen wir zu einer besonders perfiden und effizienten List. Wenn du diesen Punkt richtig erledigt hast, wird jeder zukünftige Gedanke, eine rauchen zu wollen, in Sekundenbruchteilen verfliegen. Vielleicht erinnerst du dich noch an „Wetten, dass..?“: Die Kandidaten mussten für den Fall, dass sie ihre Wette verlieren, einen lustigen, aber unangenehmen Wetteinsatz bestimmen. Genau das tust du auch. Aber wenn du scheiterst, wird es nicht nur unangenehm, sondern richtig teuer. Wenn du aber gewinnst, gewinnst du nicht nur einen langersehnten Wunsch, sondern Gesundheit und Qualitätslebenszeit.

Lege einen hohen Geldbetrag in einen Umschlag, also nicht nur 20 oder 50 Euro. Im Idealfall legst du einen Betrag in den Umschlag, den du für einen deiner großen Träume zusammengespart hast, zum Beispiel eine Reise oder ein neues Auto. Wir reden hier von deinem Überleben. Das sollte dir schon etwas wert sein.

Schreibe nun die Adresse einer Partei, Organisation oder Person, die du abgrundtief verachtest und wirklich hasst, auf einen DIN-A5-Umschlag und lege das Geld dort rein. Porto nicht vergessen. Diesen Umschlag gibst du einer nahestehenden Person und schließt mit ihr folgenden Pakt: Sie wird diesen Umschlag sofort in den Postkasten werfen, sobald du innerhalb der nächsten drei Monate auch nur eine Zigarette rauchen solltest. Nach den drei erfolgreichen Nichtrauchermonaten bekommst du den Umschlag wieder und erfüllst dir von diesem Geld deinen Wunsch.

> ***Glaube daran, dass du es schaffst, und du hast den halben Weg gemeistert.***
>
> *– Theodore Roosevelt*

Ich habe aus der Übergabe eine Zeremonie gemacht und qualmte mit dieser Person eine letzte Zigarette, fühlte noch einmal den prall gefüllten Umschlag, bevor ich ihn überreichte, und freute mich darauf, dass er mir in drei Monaten meinen Traum erfüllen wird.

Jetzt sagst du: „Na gut, das kriegt die Person doch gar nicht mit, wenn ich mal kurz schwach werde." Das stimmt. Aber wenn es bei Zigaretten ein „Kurz-schwach-Werden" gäbe, hießen sie Gummibärchen und du müsstest hier kein Nichtraucherbuch lesen. Soweit ich weiß, gibt es jedenfalls keine Nichtgummibärchenbücher, denn bei einem Gummibärchen wird man mal kurz schwach und lässt dann das Naschen wieder sein, wenn man sich ein paar von den Teddys einverleibt hat. Aber es bleibt nicht bei einer Zigarette. Du wirst wieder einsteigen, und die nahestehende Person wird es früher oder später mitbekommen. Dein Traum löst sich in dem Rauch auf, den du gerade aus reiner Blödheit produzierst. Oder sollte ich sagen: provozierst?

Mache dieser Person klar, dass es keine Bitte ist, sondern eine Abmachung, an die sie sich ohne Mitleid halten soll. Mache dir und ihr bewusst, dass du kein Recht darauf haben wirst, sauer auf sie zu sein. Ihr könnt das alles in einem Vertrag festhalten, den du unterschreibst. Wenn dieser Umschlag tatsächlich für immer weg ist, muss es richtig wehtun. Wegen einer einzigen blöden Zigarette, wegen kurzen fünf Minuten der Schwäche findet dann der langersehnte Urlaub auf Balkonien statt.

Der Umschlag ist der Paukenschlag in die Freiheit. Wenn du den Umschlag überreicht hast, gibt es kein Zurück mehr. Je mehr Geld in diesem Umschlag liegt, umso lauter ist das Echo, welches dich immer und überall begleiten und vor einer Dummheit schützen wird. Du machst dir mit jedem Euro mehr bewusst, wie wichtig dir dein Entschluss ist. Jedes Mal, wenn du einen Gedanken ans Rauchen bekommst, bläst dieses Echo ihn schneller aus dem Kopf, als du „Lungenkrebs" sagen kannst. Je dicker und gefüllter der Umschlag ist, umso schneller und härter fegt der Sturm, wenn du auch nur an Zigaretten zu denken wagst. Glaub mir, ich hasste die Person wirklich, die den Umschlag bekommen hätte. Niemals hätte ich dieser Person auch nur 5 Euro gegeben. Das Bild, wie sich dein ärgster Feind über dein Geld freut, während dein Traum wie eine Seifenblase zerspringt, ist unsagbar mächtig und bläst dir jeden Gedanken ans Rauchen sofort aus dem Schädel.

Wichtig: Schreibe keine Nachricht an den Empfänger und keinen Absender auf den Umschlag. Er darf nicht wissen, von wem das Geld kommt! Er könnte es ja ablehnen und dir zurückgeben. Auch diese Tür schließt du im Vorfeld. Mach dir jetzt Gedanken: Wer würde den Umschlag bekommen? Wer soll ihn verwahren?

In der Motivationsforschung wird von Strafmaßnahmen eher Abstand gehalten. Sie sind nicht so zweckdienlich, wie manche Eltern oder Gefängniswärter in Filmen glauben möchten. Der Umschlag ist aber keine Strafe, sondern Motivation und Gedankenstütze. Selbst der Verlust ist keine Strafe, sondern eine Konsequenz. Könntest du selbst den Umschlag in den Briefkasten werfen, wäre es einfacher zu verstehen. Der Umschlag ist ein absolutes Must-do.

> *Keine Ausrede, kein Wenn und Aber*

Warum ausgerechnet drei Monate? Drei Monate braucht es, um neue Gewohnheiten fest zu verankern und im Gehirn neue Strukturen (Datenautobahnen) zu schaffen. Erinnere dich an die Phasen des Entzugs. Nach drei Monaten kommt noch einmal eine große Prüfung auf dich zu. Nach diesen drei Monaten kannst du dir überlegen, ob du verlängern willst oder nicht. Aber eins nach dem anderen.

Natürlich kannst du dir zusätzlich auch ein Sparschwein anlegen, das du täglich mit deinem eingesparten Zigarettengeld füllst. Somit siehst du, wie dein Reichtum stetig wächst. Wenn du wieder anfängst zu rauchen, ist das Geld selbstredend auch futsch.

Kopfkino. Schreibe detailliert auf, wie dein Leben ohne Sucht aussieht. Welche Ziele wirst du erreicht haben? Mach dir im Kopf ein Bild oder, noch besser, einen Film davon. Nimm den buntesten Farbkasten deiner Fantasie zur Hand. Kein Wort kann poetisch genug sein, wenn du ins Schwärmen gerätst, keine Hoffnung zu großartig oder zu hell. Spule den Film wieder und wieder in deinem Kopf ab. Lies regelmäßig die Ziele durch und male sie bei jedem Mal bunter. Schwelge in deinen Träumen, dein Ziel schon erreicht zu haben.

Die Kraft des Bildes. Für diese Technik gibt es einen Verstärker, den viele erfolgreiche Manager, Sportler und Politiker für sich nutzen. Sie malen ihre mittel- und langfristigen Ziele auf ein großes Blatt Papier (mindestens DIN A3). Dazu ist es am besten, den gewohnten Ort zu verlassen, um einen klaren Kopf und neue Sichtweisen zu bekommen. Im Idealfall geht man dahin, wo man sich wohlfühlt, Kraft und Inspiration bekommt. Ich rate zur Natur. Nun lässt du deinen Gedanken freien Lauf. Frage dich, wer du in einem, drei oder sogar zehn Jahren sein willst. Mal fängst du eine Idee auf und spielst mit ihr. Mal denkst du an gar nichts und genießt die Natur, die Ruhe und deinen Atem. Skizziere dann deine ideale Vorstellung von deinem zukünftigen Leben auf einem Block oder auf kleineren Blättern. Später überträgst du dies sauber und in Ruhe auf das große Blatt.

Lass deinen Träumen und Vorstellungen viel Spielraum und sei nicht zu realistisch. Wie willst du über dich hinauswachsen, wenn du dich schon in deiner Fantasie begrenzt? Wenn es dein jetziger Wunsch ist, endlich mal wieder ohne atemnotbedingte Pause in den zweiten Stock zu kommen, dann male, wie du fröhlich einen Berg besteigst oder bei einem Stadtlauf mitmachst. Damit schaffst du Raum für Größeres, puschst dich selbst und sprengst innere Grenzen und Blockaden. Du zwingst quasi dein Unterbewusstsein dazu, größere Ideen zu entwickeln und Türen aufzustoßen, wo vorher nur eine Mauer war. Du wirst wie von allein neue Menschen treffen, die dir helfen, deine Ziele zu verwirklichen. Selbst wenn du nie den Berg aus dem Beispiel bezwingen wirst, so wirst du doch einen Hügel besteigen. Du willst eine schönere Wohnung in besserer Lage? Dann male dein Idealbild auf. Fang an, mehr zu verlangen – du bist es wert! Der siebte Platz bei den Stadtmeisterschaften ist mit viel Training möglich? Mal dich auf dem Siegertreppchen mit erhobenen Armen. Mach eine Collage mit einzelnen Sequenzen aus Vitalität, zum Beispiel deiner nächsten Reise, einer größeren Anschaffung, deiner Traumfigur, deiner Wunsch-Sportart, deinem persönlichen Umfeld, das dich als Nichtraucher liebt, akzeptiert und bewundert. Dieses Bild hängst du dorthin, wo du es jeden Tag mindestens einmal ein paar Minuten in Ruhe betrachten kannst, am besten gegenüber deinem Schlafplatz. Dieses Tool ist nicht „nur" für dein Projekt „Rauchstopp" anwendbar, sondern für alle Ziele. Wenn du merkst, dass dein Bild nicht mehr aktuell ist, sei es, weil du deine Ziele erreicht hast oder sie sich verändert haben, dann male ein neues.

Wenn die äußere Welt der inneren nicht entspricht, gibt es einen Konflikt. Konflikte bedeuten Unruhe, und Unruhe verbraucht mehr Energie als Ruhe. Das Leben und die Natur sind ökonomisch. Weniger Energie zu verbrauchen, ist effizienter. Deswegen wird dein Unterbewusstsein alles dafür tun, dass das äußere mit dem inneren Bild harmoniert, bloß um wieder Ruhe zu haben.

So weit, so gut, aber es gibt ein Problem. Selbst wenn Zigaretten dich langfristig Kopf und Kragen kosten, sträubt sich dein Unterbewusstsein am Anfang deines Nikotinentzugs dagegen, dass du aufhörst. Warum funktioniert es nicht so einfach, wenn es doch langfristig das Überleben sichert? Ganz einfach: Kurzfristig gesehen bedeutet Rauchen weniger Unruhe als Aufhören. Aufhören bedeutet Stress, Kampf und Konflikt, wohingegen Weiterrauchen eine überschwängliche Glückshormonausschüttung bewirkt. Und trotzdem musst du aufhören.

Erklären wir es wieder einmal mit dem Säbelzahntiger: Du stehst einem jungen Säbelzahntiger gegenüber. Die Kräfte scheinen ausgewogen zu sein. Das heißt, ein Kampf wäre möglicherweise zu gewinnen, aber das Risiko, dabei verletzt zu werden, ist groß. Auch auf die Gefahr hin, dass die Miezekatze wächst und dich beim nächsten Kampf tötet, ist es ist im Augenblick sicherer, den Tiger zu füttern, als zu kämpfen. Genauso verhält es sich beim Rauchen. Mit dem Rauchen aufhören heißt, gegen den Säbelzahntiger zu kämpfen. Rauchen bedeutet, den Tiger zu füttern, um einen (inneren) Kampf zu vermeiden. Das Unterbewusstsein hat nur eins im Sinn: *jetzt* das Überleben sichern. Alles, was bisher funktioniert hat, wird beibehalten und Neues wird erst mal abgelehnt. Wenn es also mitbekommt, dass du gerade einen Kampf gegen deine Sucht ausfichtst, wird es sich dagegen sträuben und lieber die Miezekatze füttern, anstatt zu kämpfen.

Damit es sich nicht gegen dich stellt, sondern an deiner Seite kämpft, ist es wichtig, dass du mit deinem Unterbewusstsein kommunizierst. Du musst ihm mit deinen inneren Bildern das Gefühl geben, dass alles in Ordnung ist, auch wenn es dich gerade beutelt. Dein Unterbewusstsein muss wissen, dass du langfristig nur überleben kannst, wenn du jetzt kämpfst. Es muss die Zukunft sehen und fühlen können, um sie zu verstehen. Je besser und öfter du das Bild des Nichtrauchers in dir aufbaust, desto selbstverständlicher wirst du dich diesem Bild anpassen.

> *Ein Ziel ohne Plan ist einfach nur ein Wunsch.*
>
> – *Antoine de Saint-Exupéry*

Motivation im Vorbeilaufen. Suche dir deinen stärksten Satz zur Motivation aus: der Satz, den du so oft wie möglich denken willst, um so die positiv besetzten Gedanken über das Rauchen zu überschreiben. Schreibe diesen Satz auf einen kleinen Zettel und klebe ihn an den Badezimmerspiegel oder eine Tür. Immer wenn du nun den aufgeklebten Zettel passierst, wird dein Blick darauf landen. In dem Moment erinnerst du dich an den Satz, den du aufgeschrieben hast, und er schießt dir durch den Kopf. Am Anfang musst du dich noch bewusst darauf konzentrieren. Später läuft dieser Gedanke ganz automatisch ab. Richtig gut wäre es, wenn du den Zettel jeden Tag woanders hinhängst. So entgehst du der Gefahr, dass selbst dein Unterbewusstsein ihn kaum noch wahrnimmt. Du kannst selbstverständlich auch mehrere Zettel mit verschiedenen Motivationserinnerungen aufhängen. Aber bitte nicht so viele, dass du nicht mehr weißt, was auf welchem Zettel steht, denn du sollst den Satz ja irgendwann nicht mehr lesen, sondern er soll dir reflexartig durchs Hirn schießen, wenn du den Zettel siehst.

Affirmationen. Gerade in diesem Moment stört mich die Geräuschkulisse meiner Nachbarn. Da ich sie im Augenblick leider nicht dazu bewegen kann, diese zu unterlassen, bleibt mir nur der Weg, einen Kopfhörer aufzusetzen und so die störenden Geräusche zu übertönen. Wie es mir mit meinen Nachbarn ergeht, geht es dir mit deinem vor sich hin plappernden Gedankenstrom. Solange du sie einfach „laufen“ lässt, bist ihnen schutzlos ausgeliefert. Wir sind uns den im Hintergrund plappernden Gedanken meistens nicht einmal bewusst. Das ist auch in Ordnung, solange diese Gedanken Richtiges und Nützliches erzählen. Aber sich selbst kritisieren, kleinreden, verurteilen, Schmerz zufügen oder gar zum Rauchen animieren wollen ist ab jetzt ein No-Go. Es gibt Möglichkeiten, seine Gedanken zu bändigen, um kontrolliert nur das zu denken, was guttut. Das erfordert neben Übung, Muße und Disziplin vor allen Dingen Zeit. Zeit, die wir im Augenblick nicht haben, da wir schnelle Resultate brauchen.

So, wie ich meine Nachbarn kurzerhand mittels Kopfhörer übertöne, kann man auch seine Gedanken nicht nur übertönen, sondern mit Affirmationen überschreiben. Affirmationen sind kurze Glaubenssätze oder positive Wörter, die durch ständige Wiederholung eine Veränderung in dir und deinem Leben bewirken. Es macht tatsächlich sehr viel mit dir, ob du dir ständig Missmut, Versagensängste, Hass, Tod und Teufel einredest oder ob dein Hirn Lautenklänge und Lobgesänge über dich ergießt, dass du jemand bist, dem die Sonne aus dem Hintern scheint.

Du kannst die Affirmationen in Dauerschleife über Kopfhörer auf dich einwirken lassen, aber besser ist es noch, sie bewusst laut vor sich hin zu sagen. Nimm mit deinem Smartphone ein paar hilfreiche Sätze auf und lass dich, am besten Tag und Nacht, mit dieser Aufnahme in der Wiederholfunktion berieseln. Diese neuen Gedanken brennen sich in dein Bewusstsein ein, bis sie Teil deiner Persönlichkeit werden. Die Affirmationen kannst du, egal was du tust, ständig hören, auch und gerade nachts. Selbst wenn dein Bewusstsein schläft, ist dein Unterbewusstsein ständig „online“. Anstatt permanent von Rauchergedanken berieselt zu werden, wird nun in deinem Kopf eine andere Platte aufgelegt.

Sprich folgenden Satz auf dein Handy und lass ihn, während du weiterliest, in Dauerschleife abspielen, ohne ihn weiter zu beachten: „Rauchen ist ekelhaft – ich bin froh, endlich Nichtraucher zu sein.“ Wenn er dich bei der Konzentration stört, drehe die Lautstärke so leise, bis du dich wieder auf das Buch konzentrieren kannst. Das Unterbewusstsein nimmt trotzdem deine Worte auf.

Schritt 6

Gestalte dein Leben neu

Sport ist mehr als Bewegung. Ein Vorteil von Sport ist, dass du direkt merkst, wie schlimm es um deine Kondition als Raucher wirklich bestellt ist, und gleichzeitig sehr schnell deine Leistung steigerst. Du wirst spüren, wie gut es sich anfühlt, Nichtraucher zu sein. Nicht nur deine Haut wird wieder gesünder aussehen und sich viel geschmeidiger anfühlen, dein ganzer Körper wird eine Verjüngung erfahren. Du wirst wieder Spaß an der Bewegung finden. Vielleicht beginnst du mit einer Sportart, die du schon immer mal ausprobieren wolltest. Nimm dein gespartes Geld von den nicht gerauchten Zigaretten und investiere es in neue und richtige Lebensfreude. Vielleicht nimmst du auch deinen alten Lieblingssport wieder auf.

„Wie soll ich das denn machen? Ich komm ja kaum die Treppen hoch." – Wunderbar, das ist doch schon mal ein Anfang, „kaum" ist besser als „nicht"! Dann gehe ab jetzt regelmäßig die Treppen „kaum hoch". Und wenn es wirklich nicht geht: Nun gut, dann gehe eben die Treppen runter statt rauf. Du schaffst nicht einmal fünf Liegestütze? Na und? Dann mache einen oder vielleicht sogar zwei. Auch das ist alles zu viel? Na, dann kreise wenigstens die Füße vorm Fernseher – wobei das wirklich sehr wenig sportliche Betätigung ist ... Sport hilft beim Abnehmen bzw.

Gewichthalten, da du während des Sportreibens Energie verbrauchst und bei Ausdauersport auch noch Fett verbrennst. Muskeln sind übrigens der beste Fettverbrenner. Einmal aufgebaut, verbrennen sie von selbst Kalorien, und das 24 Stunden am Tag!

> ***Wer nicht jeden Tag etwas für seine Gesundheit aufbringt, muss eines Tages viel Zeit für die Krankheit opfern.***
>
> *– Sebastian Kneipp*

Sport baut nicht nur Fett, sondern auch Stress ab. Wenn du Ärger oder Stress empfindest, lagert er sich sichtbar als Verspannung in deinem Körper ab. Schaue dir die Menschen auf der Straße an. Der eine geht gramgebeugt, der andere ängstlich. Die Dritte aber kommt schwungvoll und leicht um die Ecke geschwebt. Alle Emotionen finden sich in der Körperhaltung und im Bewegungsablauf wieder. Wenn du durch den Nikotinentzug Stress empfindest und unruhiger oder aggressiver wirst, dann verspannen sich deine Muskeln. Durch Sport lockerst du sie wieder und die negativen Emotionen verlassen den Körper. Sie können sich in einem bewegten Körper nirgendwo festsetzen. Hört sich komisch an, ist aber so.

Natürlich bekommst du durch sportliche Aktivitäten auch einen enormen Schub an Selbstvertrauen. Deine Kollegen und Freunde werden bemerken, dass du viel fitter und vitaler bist als noch vor wenigen Wochen. Sport ist und bleibt ein Tausendsassa, den du unbedingt in dein Nichtraucherleben integrieren solltest. Welche Sportart du betreibst, bleibt dir überlassen. Wichtig ist nur, dass es dir Freude bereiten soll. Sport wird eine Unterstützung auf deinem Weg in eine bessere Zukunft sein.

Der schlanke und vitale Nichtraucher. Die Angst davor, dick zu werden, ist ein oft geäußerter Grund für das Weiterrauchen. Lieber eine Krebserkrankung riskieren, als ein paar Pfunde mehr auf den Hüften zu haben ... nicht dein Ernst, oder? Wenn du dich nun auch ein wenig gesünder ernährst, wird es nicht zu deinem Schaden sein. Aber fangen wir mal von vorne an und räumen auch hier ein wenig auf. Warum macht Rauchen schlank und Nichtrauchen dick? Nikotin verursacht tatsächlich einen Mehrverbrauch an Energie und ist gleichzeitig ein Appetitzügler. Nikotinentwöhnung senkt den Energieumsatz. Dieser nette Nebeneffekt des Rauchens verschwindet beim Rauchstopp. Eine Schachtel Zigaretten verbraucht ca. 200 Kilokalorien.

200 kcal entsprechen:

- ca. 70 g Pommes oder einem Brötchen
- ca. 40 g Schokolade, Zucker oder Chips
- ca. einem Glas Milch
- ca. 150 g Nudeln oder 1,5 Eiern

Ein Ex-Raucher wird, wenn er seine Nahrungs- und Lebensgewohnheiten beibehält, wohl zwangsläufig zunehmen, da der Energieverbraucher „Zigarette“ nicht mehr zugeführt wird.

Nikotin dämpft den Appetit. Das bedeutet, du wirst öfter und mehr Hunger haben, wenn du mit dem Rauchen aufhörst. Die Vorliebe für Süßigkeiten kann ansteigen.

Generell können suchtgefährdete Personen anfällig dafür sein, diese Sucht durch ein anderes abweichendes Verhalten zu ersetzen. Sie könnten die Zigaretten mit Schokolade kompensieren wollen; schließlich war Rauchen ein toller Pausenfüller und Zeitvertreib. Greifst du nun als Übersprunghandlung zu Schokoriegeln statt zur Zigarette, ist das zwar tausendmal besser, als der alten Sucht zu verfallen, denn Schokolade verursacht keinen Lungenkrebs, trotzdem hat das Konsequenzen. Wenn du dieser zusätzlichen Kalorienzufuhr nicht mit einem Mehr an Bewegung begegnest, werden es sich diese Kalorien auf deinen Hüften gemütlich machen. Zahlreiche Studien belegen jedoch, dass es langfristig keine signifikante Gewichtszunahme gibt. Davon abgesehen kann man ja auch eine Menge gegen das drohende Unheil tun. Wichtig ist, dass du dich wohlfühlst. Also verwende auch weiterhin alle Mittel und schöpfe deine Möglichkeiten aus.

„*Unvorhergesehene Gelegenheiten sind unverzüglich zu nutzen und auf unvorhergesehene Schwierigkeiten ist sofort zu reagieren.*"

– Carl Philipp Gottfried von Clausewitz

Egal was passiert, egal was du tun musst, egal welche Mittel du einsetzen musst, es gibt erst einmal nur ein Ziel: dich von der todbringenden Zigarette zu befreien! Alles andere ist Nebenschauplatz und kann auf später verschoben werden. Wer sich stolz Ex-Raucher nennen darf, hat bewiesen, dass er kämpfen – und siegen – kann. Wenn du mit dem Rauchen aufgehört hast, was glaubst du, kannst du dann nicht noch alles mit Leichtigkeit in deinem Leben erreichen? Um vom Rauchen wegzukommen, ist es in den ersten zehn Tagen egal, wie viel und was du isst. Belohne dich mit Bergischen Waffeln mit extra Sahne, mit einem doppelten Eisbecher oder auch mit einer halben Sachertorte, wenn dir danach ist.

> ***Alles, was dir guttut, ist erlaubt, solange es dir wirklich guttut***

Tag für Tag wirst du sowieso mehr Energie verspüren. Du wirst leichter und tiefer atmen. Im Idealfall wirst du ganz von alleine einen Bewegungsdrang verspüren und dich natürlich auch gesünder fühlen, weil du deinen Körper entgiftet hast. Es kann aber auch passieren, dass du Erkältungs- oder gar Grippesymptome bekommst, während du entgiftest. Das sind die Giftstoffe, die sich jahrelang in deinem Körper eingelagert haben und nun ausgeschieden werden. Es fühlt sich vielleicht nicht so schön an. Wenn du aber weißt, dass es ein völlig natürlicher Reinigungsprozess ist, lässt sich auch damit leichter umgehen. Ganz wichtig ist aber: Fange jetzt keine Diät an oder meine, du müsstest jetzt hungern, um dein Gewicht zu halten. Das wäre ein Riesenfehler. Du bist mitten in einer harten und unbarmherzigen Schlacht mit einem noch unbarmherzigeren Gegner. Fokussiere deine ganze Energie auf diesen einen Gegner und vernichte ihn mit aller Kraft. Splitte deine Kräfte nicht, indem du dir noch eine zweite Bürde auferlegst. Zweifrontenkriege waren selten von Erfolg gekrönt.

Wenn du aus dem Gröbsten raus bist und dich vorsichtig dem Thema Gewicht zuwenden möchtest, habe ich hier ein paar sehr einfache Routinen, die dich und deinen Genuss am Essen kaum beeinträchtigen werden:

- Iss gut und bewusst nur zu den Hauptmahlzeiten.
- Gut muss nicht unbedingt viel heißen!
- Trinke vorher ein Glas Wasser.
- Trinke mindestens zwei Liter am Tag.
- Meide Obstsäfte und gesüßte oder alkoholische Getränke, denn erstens sind das reine Kalorienbomben und zweitens erhalten sie mit einer ständigen Zucker- und Kohlenhydratzufuhr deinen Blutzuckerspiegel auf einem hohen Niveau. Ein hoher Blutzuckerspiegel gibt dem Körper das Signal, dass es Energie in Hülle und Fülle gibt und er jetzt dringend Reserven für schlechte Zeiten in die Depots legen sollte. Und das macht er dann auch. Diese Depots sind dann übrigens für alle sehr gut sichtbar.
- Lass dich nicht von kleinen Imbissen verführen. Wenn du ständig zwischen den Mahlzeiten etwas zu dir nimmst, kann dein Blutzuckerspiegel nicht absinken. Mit jedem Bonbon, Apfelschnitz oder Orangensaft schnellt der Zuckerspiegel in die Höhe und wieder runter. Wenn du ständig jedem kleinsten Appetitgefühl nachgibst, kann der Körper selbstverständlich auch kein vorhandenes Fett abbauen.

Was übrigens die wenigsten wissen und die Industrie auch gerne verschweigt: Der Körper kann immer dann blitzschnell auf die Kohlenhydrate in Mehlen zugreifen, wenn sie fein gemahlen sind. Deswegen lassen auch Roggen- oder Dinkelmehl und alle anderen fein gemahlenen Mehle den Blutzuckerspiegel ebenso in die Höhe schießen wie Weizenmehl. Wieder werden Fettdepots im Körper angelegt, der Zuckerspiegel im Blut sinkt rapide und die nächste Hungerattacke lässt dich wieder zum Kühlschrank laufen. Besorge dir Vollkornbrot. Zuckerwerk sollte durch Obst ersetzt werden, Chips durch Popcorn oder – wenn überhaupt – Salzstangen. Noch besser wäre es, du machst deine Naschereien selbst.

Betrachte das Wort „Lebensmittel" einmal genauer und dann lasse dir die Liste der Zusatzstoffe auf einer Packung Fertigpizza mal auf der Zunge zergehen ... Frage, ob sich die Zutaten eher nach „Leben" anhören oder nach „Mittel"? Es sind Sattmacher und Magenfüller. Mit Leben haben die Produkte so viel gemeinsam wie eine Handvoll Holzkohle mit Essen – wobei die wenigstens ein Naturprodukt wäre. Wir leben im Schlaraffenland. Nur noch auf dem Rücken liegend, die Glotze auf 150 cm Durchmesser aufgebläht, fliegen uns die gebratenen Fertigprodukttauben schon fast direkt von der Mikrowelle in den Mund, während wir – je nach Geschlecht – „Sportschau" oder „Let's dance" bevorzugen. Anderen beim Bewegen zuzugucken, ist Volkssport Nummer eins, und sich darüber beschweren, man sei so fett geworden, Volkssport Nummer zwei.

Es sind nur ein paar kleine Drehungen an deinen Essgewohnheitsschrauben, die aber einen gewaltigen Erfolg für deine Gesundheit zu verantworten haben. Drehe an diesen Schrauben und du wirst sehr bald merken, wie gut es sich anfühlen kann, in deinem Körper zu leben, ohne hungern oder auf Genuss verzichten zu müssen.

Werde aktiv. Anstatt dir selbst beim Dahinwelken vor dem Fernseher zuzusehen, schlage ein Kochbuch auf und bereite ein leckeres und gesundes Mahl zu. Lasse nicht tanzen, tanze selbst. Tanze mit dir allein oder, noch besser, tanzt zu zweit. Lasse nicht kicken, sondern gehe in den Park oder den Stadtgarten. Überall kicken Jungs jeglichen Alters noch selber und freuen sich über Mitstreiter. Wenn du dann auch noch ein wenig Lungenvolumen mitbringst, da du ja nicht mehr rauchst, umso besser.

Die goldene Regel für ein gesundes Leben und die einfachste Möglichkeit, das Gewicht zu halten:

Koche selbst!

Verbanne alle Fertigprodukte aus deinem Speiseplan. Keine Dosensuppen, Pizzen, Fertiggewürzmischungen. Auch Chips fallen dem zum Opfer. Alles, was die Lebensmittelindustrie dem Endverbraucher so schön mundgerecht vorbereitet, besteht aus Zucker, Fett, Aromen, Stabilisatoren, Emulgatoren und vielen schrecklichen Dingen mehr.

Als Erstes sei erwähnt, dass du nie weißt, was du da gerade wirklich zu dir nimmst. Die Fertigessenindustrie versucht selbstverständlich, an allen Ecken und Enden zu sparen, damit sie ihre Produkte erstens günstiger anbieten kann und zweitens mehr verdient. Beides halte ich für völlig legitim und mache ihr da auch keinen Vorwurf. So ist nun mal der Markt. Das Problem dabei ist nur, dass sie auch an den verarbeiteten Rohstoffen spart. Sprich, du kannst davon ausgehen, dass es nicht die hochwertigsten Rohstoffe sind, um es mal höflich und aus Angst vor den Anwälten von Schweizer Großkonzernen und Co. zu umschreiben. Damit das Essen aber dennoch schmeckt, gibt es zwei sehr effektive Zaubermittel. Sie nennen sich Fett und Zucker. Beides ist für sich recht günstig und wird deshalb großzügig verwendet. Nun zaubern sie nicht nur Geschmack, sondern auch den Zeiger deiner Waage wie von Geisterhand in Bereiche, von denen du bisher nur ahntest, dass es sie gibt. Ein weiterer unterschätzter Nachteil ist: Sie machen zwar satt, aber sättigen nicht nachhaltig. Das liegt zum einen daran, dass der Blutzuckerspiegel rasant ansteigt, um dann genauso schnell wieder zu fallen, und du deswegen schon bald wieder Hunger verspürst. Vor allem aber liegt es an den erschreckend schlechten Rohstoffen und der industriellen Verarbeitung, sodass im Essen kaum Leben zu finden ist. Sprich, der Magen ist zwar voll, aber der Körper hungert nach Vitaminen und weiteren lebenswichtigen Stoffen, die er für seine Zellen braucht. Er erzeugt deswegen ein Hungergefühl und hofft so, dass bei dem, was du isst, endlich auch mal was Gesundes dabei ist, mit dem er was anfangen kann. Natürlich ist der Prozess, den ich gerade lapidar dargestellt habe, um ein Vielfaches komplizierter.

So, das war es auch schon, was ich dir von meiner Seite hier in diesem Buch über Fertignahrung erzählen will. Fazit: Alles, was du über Fertigessen wissen musst, ist: Meide es wie der Teufel das Weihwasser. Vielleicht werden Gesundheit, Sport und gute Ernährung ja zu deinen neuen Hobbys. Du wärst es allemal wert.

Genieße von mir aus auch alkoholische Getränke, aber in Maßen. Natürlich gehört für viele ein gemütliches Glas Wein zum Lebensgenuss oder ein leckeres Glas Bier zum Lebensglück. Bedenke aber: Alkohol hat nicht nur eine berauschende Wirkung, sondern auch eine bereichernde. Frage da mal deine Hüften. Die können nicht nur ein Lied davon singen, sondern auch schön dazu wippen.

> ***Es ist erstaunlich, wie viel Kraft auch noch der kleinste Erfolg haben kann.***
>
> *– Carl Philipp Gottfried von Clausewitz*

Überschreibe deine falschen Gedanken. Es ist tatsächlich so, dass sich das Gehirn neuroplastisch mit den Anforderungen verändert. Das heißt, die Nervenzellen reagieren gezielt auf neue Aufgaben, und je nach Anforderungen werden neue Synapsenverbindungen geschaffen. So kann man im Kernspin zum Beispiel ein Schachspieler- von einem Eiskunstläuferhirn unterscheiden. Du kannst dir dein Hirn wie ein großes Straßennetz vorstellen, das sich ständig dem Verkehrsstrom anpasst. „Fahren“ bestimmte Gedanken oft die gleiche Strecke, so wird aus der kleinen Straße eine große Datenautobahn. Andererseits verkümmern Datenautobahnen zu Landstraßen und später zu unbedeutenden Feldwegen, wenn bestimmte Gedanken gar nicht mehr gedacht werden. Dieses geschieht natürlich nicht von heute auf morgen, aber es geschieht. Ganz wichtig ist auch hierbei wieder, wie viel Gefühl in den Gedanken mitschwingt: je mehr Gefühl, umso wichtiger der Gedanke. Ein Beispiel dafür, das bestimmt die meisten von uns erfahren haben, ist die heiße Herdplatte. Einmal mit der Hand auf die heiße

Herdplatte gepatscht, und das starke Gefühl reicht für den lebenslangen Gedanken: „Na, so toll war das nun nicht. Das mach ich lieber nicht noch mal."

> ***Alles, was beachtet wird, verstärkt sich. Alles, was weniger beachtet wird, schwächt sich ab.***
>
> *– Grundsatz der Psychologie*

Wenn du übers Rauchen nachdenkst, stellt dein Hirn körperliche Kapazität für „Rauchen" zur Verfügung. Das bedeutet: Rauchen ist nicht nur psychischer, sondern Tatsächlich auch physischer Bestandteil deines Gehirns und somit von dir. Du also hast nicht nur eine Raucherlunge, sondern auch ein Raucherhirn. Deswegen verbanne ab jetzt jeden Gedanken an oder über das Rauchen. Natürlich geht das nicht von jetzt auf gleich. Denn die große Datenautobahn „Rauchen" ist ja noch aktiv und summt ständig vor sich hin. Du musst sie bewusst, Stück für Stück, mit dauerhaftem und diszipliniertem Training zurückbauen. So wirst du dein Hirn mehr und mehr zu einem Nichtraucherhirn umformen, in dem es wortwörtlich keinen Platz fürs Rauchen gibt.

Aber anstatt alte Gedanken lediglich zu löschen, ist es effektiver und sinnvoller, sie zu „überschreiben". So kannst du dich gleichzeitig auf Erfolg und das Erreichen neuer Ziele oder Fertigkeiten programmieren. Vergegenwärtige dir den Prozess mit dem Bild eines Kruges, der mit verdorbenem Wasser gefüllt ist. Du leerst nicht nur das Schmutzwasser aus dem Krug, sondern füllst ihn gleichzeitig mit frischem und gesundheitsförderlichem Wasser auf.

Du hast die wohl ziemlich einmalige Gelegenheit in deinem Leben, dir deine Zukunft selbst zu basteln. Überschreibe den Gedanken an die Zigarette jetzt mit etwas, was du gerne erreichen möchtest: ein neuer Job, ein Ort, den du schon lange bereisen, eine Fähigkeit, die du erlernen, oder ein Charakterzug, den du entwickeln willst? Der Gedanke ans Rauchen ist dein Knoten im Taschentuch, der dich daran erinnert, an dein Ziel zu denken. Man kann sich nun mal nur auf eine Sache konzentrieren. So schlägst du zwei Fliegen mit einer Klappe.

Stell dir vor, du nimmst eine Zigarette aus der Packung oder bekommst sie angeboten. Du betrachtest diese Zigarette eingehend als ein nichtssagendes und bedeutungsloses Objekt. Je länger du dieses Objekt anschaust, desto mehr Ekel kommt in dir hoch, den du nur noch loswerden willst.

Gehe in diesen „Film“ mit aller Leidenschaft hinein. Baue ihn aus. Spüre, wie sich dein Magen verkrampft und dein ganzer Körper gegen dieses Teil rebelliert. Sieh, wie du die Kippe im hohen Bogen fortschmeißt und dich wegdrehst, dann aber lachend und befreit deinen Weg gehst. Stell dir vor, wie du frei atmest, wie du stolz auf dich bist, „es“ geschafft zu haben. Wiederhole immer wieder: „Ich bin Nichtraucher und ich bleibe Nichtraucher, weil es ein tolles Lebensgefühl ist, unabhängig und frei zu sein. Ich bin Nichtraucher und ich bleibe Nichtraucher, weil es ein tolles Lebensgefühl ist, unabhängig und frei zu sein.“

Wiederhole es vor dem Schlafengehen, beim Zähneputzen, an der Kasse, vor der Ampel, egal wann und wo. Hauptsache, so oft wie möglich, damit sich dieses Bild und Gefühl in dir verstärkt. Nachdem du die Zigarette fortgeworfen hast, stehe auf einer Bergspitze und sieh über die anderen Berge hinweg, oder sieh dich an Deck eines Luxusliners. Die Seeluft weht dir um die Nase. Sie riecht nach Meer, nach Freiheit und Fernweh. Eine geliebte Person im Arm. Sonnenuntergang. Ein Glas Sekt. Alles ist perfekt - weil ohne Zigarette. Male dir ruhig utopische und kitschige Träume aus. Es geht darum, in dir eine Verbindung mit dem Nichtrauchen als positives Gefühl zu schaffen.

Immer wenn du jemanden siehst, der raucht, sage innerlich: „Gut, dass ich das hinter mir habe." Natürlich ist das seltsam, wenn du noch in der Vorbereitungsphase bist. Du gehörst ja noch zu den Rauchern. Aber mit dieser Übung gewöhnst du dich schon einmal an den Gedanken und das neue Lebensgefühl. Weil du dein Hirn mit diesem Gedanken umbaust, wird er für dich, je öfter du ihn wiederholst, immer selbstverständlicher. Schwelge in dem neuen Lebensgefühl des befreiten Nichtrauchers – beim Aufstehen, beim Einschlafen und immer wieder mal am Tag.

Ich will lieber Feinde haben als zweifelhafte Freunde.

– Napoleon Bonaparte

Bei Wikipedia steht zu lesen: „Die Rückfallwahrscheinlichkeit bei Rauchern, die ohne Hilfsmittel mit dem Tabakkonsum aufhören, liegt bei 97 % innerhalb von sechs Monaten nach dem Rauchstopp. Bis 2012 ging man davon aus, dass Nikotinersatzpräparate bei korrekter Dosierung und weiterer fachlicher Anleitung die Erfolgschancen um 3 % steigern können. Eine neuere Studie von 2012 besagt, dass die Rückfallraten bei denen, die Nikotinersatzpräparate zum Aufhören verwendet haben, genauso hoch war wie bei denen, die ohne Hilfsmittel aufgehört haben."

Es gibt Gerüchte, dass Nikotinpflaster von der Zigarettenindustrie hergestellt werden. Das würde Sinn ergeben, denn sie nützen ganz bestimmt nicht dem Menschen, der aufhören will, sondern nur dem Pflaster- und dem Tabakverkäufer. Dein innerer Raucher braucht Nikotin zum Überleben. Wenn du ihm Nikotin gibst, ist er zufrieden. Wenn der Nikotinspiegel aber wieder sinkt, schreit er laut auf und tut alles, damit er sein Lebenselixier bekommt. Gibst du ihm, wonach er begehrt, ist er wieder anschmiegsam wie ein Kätzchen. Er bedankt sich sogar mit einem durch den ganzen Körper ziehenden wohligen Schnurren. Alles, ja wirklich alles, ist dann gut. Für ihn! Denn du hast ihn gefüttert.

Verweigerst du ihm jedoch, wonach er verlangt, schreit er umso lauter, pocht gegen das Brustbein und lässt deine blankliegenden Nerven vibrieren wie die Gleise unter einem darüber bretternden Güterzug. Er braucht Nikotin zum Überleben und wird alles tun, um an sein Lebenselixier zu kommen. Nur eines nicht: ruhig bleiben. Hältst du ihn am Leben, quält er dich bis zum Sankt-Nimmerleins-Tag. Ihm ist es egal, woher es kommt, solange der Nikotinspiegel stimmt. Was also passiert, wenn du Nikotinkaugummis kaust und dir Pflaster weiß der Teufel wohin klebst? Du hast fünf Sekunden Zeit für die Antwort. Fünf … vier … d rei … zwei … eins … Ding Dong, die Zeit ist um! Richtig. Nikotinpflaster oder Kaugummis geben deinem Feind seine Nahrung und erhalten ihn so am Leben. Das ist genauso, als würde ein Alkoholiker nicht mehr trinken, den Alkohol aber weiterhin über einen Tropf bekommen, oder als wenn du den ganzen Tag lang denken würdest: „Rauchen ist so toll, ich halt es nicht mehr aus. Gleich zünde ich mir eine an." Natürlich schreit dein Raucher nicht mehr, wenn du ein Nikotinpflaster aufklebst. Warum sollte er auch? Er braucht Nikotin zum Leben, egal in welcher Form. Ob Zigarette oder Kaugummi ist ihm einerlei. Du kannst deinen inneren Raucher nicht einfach mit einem Fingerschnippen oder einem Klick vernichten. Du musst ihn verhungern lassen.

“

Nikotin und Gedanken sind die Lebenselixiere deines inneren Rauchers – entziehe ihm beides und du vernichtest ihn

”

Wenn ein kleines Kind an der Kasse beim Anblick der Süßigkeiten quengelt, hast du zwei Möglichkeiten. Erstens: Du gibst nach und hast deine Ruhe. Zweitens: Du bleibst konsequent und das Kind schreit, heult und tobt. Welche Lösung wird langfristig die bessere Alternative sein? Gibst du nach, schreit es jedes Mal wieder. Bleibst du hart, ist es für das Kind und deine Ohren gleichermaßen eine Höllenqual. Aber dafür hast du beim nächsten Mal einen ruhigen, entspannten Einkauf ohne Gequengel. Von einem vierjährigen Kind verlangst du Willensstärke und Disziplin. Du sagst ihm, es solle sich nicht so anstellen, da es auch mal lernen muss, ein Nein zu akzeptieren. Und überhaupt sind Bonbons ja nicht gut für die Gesundheit. Aber du, als Erwachsener, brauchst unbedingt Nikotinkaugummis – nicht dein Ernst, oder?

Streitthema E-Zigaretten. Hm, lecker ... E-Zigaretten gibt es in allen Geschmacksrichtungen: Erdbeere, Melone, Kaffee, Kuchen, Rum und hunderte weitere Sorten. Es gibt sie mit einem Nikotingehalt von 0 bis 24 Prozent; kein Teer, keine Verbrennungsstoffe. Also eine echte Alternative zur Zigarette. Dann kann man da ja darauf umsteigen und gesund und viel günstiger rauchen, oder? Klasse, die Eier legende Wollmilchsau! Es gibt auch die Geschmacksrichtung „Tabak", aber genau da wird der Haken offensichtlich. Eine E-Zigarette ist nun mal keine „richtige" Zigarette. Die Liquid-Tabaksorten schmecken nach allem anderen, nur eben nicht nach Tabak. Außerdem schmecken die meisten Null-Prozent-Sorten, einfach gesagt, nach nichts. Sie kratzen und beißen nicht so wie eine richtige Zigarette. Hört sich komisch an, aber genau das machte für mich unter anderem den Reiz von Zigaretten aus. Das alles wäre so weit ja auch in Ordnung – mal davon abgesehen, dass die Liquids auch gesundheitsschädlich sind.

> ***Verantwortlich ist man nicht nur für das, was man tut, sondern auch für das, was man nicht tut.***
>
> *– Laotse*

Neben der Nikotinzufuhr, die deinen inneren Raucher am Leben erhält, wird auch die Datenautobahn mit dem Namen „Akt des Rauchens" am Leben erhalten. Wenn du weiterhin etwas zu deinem Mund führst und inhalierst, kann sie nicht kleiner werden und verschwinden. Du hast weiterhin ein Raucherhirn. Früher oder später wirst du sehr wahrscheinlich wieder ganz zur Zigarette zurückkehren. Was passiert denn nun genau beim Rauchprogramm? Ganz einfach: Du bist wie die Pawlowschen Hunde.

Falls du noch nie etwas von Iwan Petrowitsch Pawlow und seinen Hunden gehört hast, erzähle ich dir kurz von ihm. Iwan hielt in seinem Labor Hunde, die er für Experimente brauchte. Eines Tages bemerkte er, dass die Hunde sogar schon vor freudiger Erregung sabberten, wenn sie nur die Schritte des Laborassistenten hörten, obwohl sie ihr Fressen weder sehen noch riechen konnten. Er kam also zu dem Schluss, dass der äußere Reiz der Schritte das Sabbern reflexartig auslöste – also ohne Denken, geschweige denn willentlich gesteuertem Sabbern der Hunde. Nun ging Pawlow einen Schritt weiter und ließ jedes Mal ein Glöckchen ertönen, wenn es Essen gab. Bald schon sabberten die Hunde jedes Mal, wenn dieses Glöckchen ertönte, und zwar völlig unabhängig davon, ob es tatsächlich etwas zu essen gab oder überhaupt Fütterungszeit war. Die klassische Konditionierung war erfunden und Pawlow bekam dafür einen Nobelpreis. Ganz ehrlich? Ich finde das Pawlowsche Experiment faszinierend, aber es ist wohl der leicht verdienteste Nobelpreis, der je verliehen wurde.

Du sabberst aber nicht, weil Glöckchentöne einen Fressreiz auslösen. Das hoffe ich jedenfalls für dich (gerade in der Weihnachtszeit ist das sehr unangenehm). Deine Glöckchentöne lassen dich nach einer Zigarette gieren, und zwar beim Kaffeetrinken und Schokolade-Essen, wenn du Freunde triffst oder ins Auto einsteigst, vor dem Schlafengehen, nach dem Aufstehen, nach dem Frühstück, nach dem Mittagessen, nach dem Abendessen, nach dem

Sex, nach dem Spielfilm, nach dem Flug, vor dem Flug, während du an der Bushaltestelle wartest, wenn es dir besonders gut oder schlecht geht, wenn du dich langweilst und so weiter und so fort.

Wie du siehst, sabberst du die ganze Zeit. Alles erinnert dich an Zigaretten. Hätte Pawlow seine Hunde auf so viele Trigger programmiert, wie dein Raucher für dich programmiert hat, hätte er ihnen drei Liter Wasser mehr pro Tag geben müssen, nur um ihren Flüssigkeitshaushalt wieder auszugleichen. Die armen Hunde hätten sich zu Tode gesabbert und der Tierschutzbund hätte ihn wegen Tierquälerei hinter Gitter gebracht. Und du? Nun ja, du rauchst dich halt zu Tode. Nur bei dir kommt kein Tierschutzbund zur Hilfe geeilt, weil du dich ja aus freien Stücken zu Tode rauchst.

Was ist zu tun? Du musst dir deine Glöckchen wieder abtrainieren, und zwar Glöckchen für Glöckchen. Es gibt weder eine Zigarette noch eine E-Zigarette beim Kaffeeglöckchen. Es gibt kein Bushaltestellen-Warteglöckchen und auch das Stress- oder das Freundetreffenglöckchen landet im Müll. Eine E-Zigarette erhält diese ganzen Glöckchen in deinem Kopf am Leben – und zwar so lange, bis du dann doch wieder auf „richtige" Zigaretten umsteigst. Und deswegen, so schön es auch klingt mit dem Vapen: Die Gefahr ist viel zu hoch, dass du damit deine Sabberprogramme aufrechterhältst und einen Rückfall provozierst.

(M)ein klares Nein zur E-Zigarette. Natürlich gibt es Leute, die es mit Kaugummis und E-Zigaretten geschafft haben, stufenweise mit dem Rauchen aufzuhören. Aber das dauert sehr lange und du bist während des Aufhörprozesses eher rückfallgefährdet. Gewinne besser so schnell wie möglich Abstand von der Gefahrenzone. Geh lieber den harten und direkten Weg. Dieses ewige Hin und Her ist meiner Meinung nach ein gefährlicher Tanz auf dünnem Eis, in das ich übrigens seinerzeit auch eingebrochen bin.

Anker und Trigger. Wenn Umweltreize eine Reaktion auslösen, nennt man das „triggern“. Beispielsweise bewirkte ein Glöckchenton das Sabbern bei Pawlows Hunden. Und bei dir löst das Ins-Auto-Einsteigen den Drang zu rauchen aus. „Ankern“ nennt man es, wenn eigene Handlungen, die man bewusst oder auch unbewusst ausführt, bei einem selbst Reaktionen auslösen. Ein Anker ist ein Glöckchenton, den man selbst erzeugt, bevor man dann anfängt zu sabbern.

Immer wenn du Glück empfindest, kannst du zum Beispiel deinen Daumen an deinem Zeigefinger reiben. So verbindest du das Daumen-und-Zeigefinger-Reiben mit einem Glücksgefühl. Du setzt also einen Anker. Immer wenn du dich besser fühlen möchtest, reibst du wieder Daumen und Zeigefinger und dein Hirn beginnt automatisch, Glückshormone auszuschütten (zu sabbern). Allein durch den Akt des Rauchens tausender Zigaretten hast du in dir unzählige sehr aktive Anker gesetzt, welche tief mit vielen Glücksmomenten verbunden sind.

Deswegen habe ich dich in Schritt 2 gebeten, die Zigaretten aufzuschreiben, die mit so viel Gefühl verbunden sind, dass du dich heute noch an sie erinnerst. Du aktivierst diese Gefühle mit dem Akt des Rauchens jedes Mal wieder. Das geht so weit, dass du zum Beispiel die „Gesellschaftszigarette“, bei der du dich mit anderen verbunden fühltest, sogar dann rauchst, wenn du allein bist. Denn sie ist so tief verankert, dass sie dir das Gefühl der Verbundenheit auch vorgaukeln kann, wenn du gerade keine Gesellschaft hast. Du schaffst es mit dieser Zigarette, dass dein Belohnungszentrum das Geselligkeitshormon Oxytocin ausschüttet, obwohl niemand da ist. Und das ist nur ein Beispiel von der Macht des Ankerns. Es ist wirklich sehr verlockend, auch nach dem Rauchstopp den Anker wieder einzuholen, also einen Rückfall auszulösen.

Schritt 7

Gehe Rückfällen aus dem Weg

Der Rückfall. Jede Mission braucht einen Plan B, wenn es einmal doch nicht so läuft wie gedacht. Bei einer Wanderung kann es anfangen zu regnen, ein Boot kann ein Leck schlagen und in einer Prüfungsphase kann man die Nerven verlieren. Der Wanderer sollte deswegen vorsichtshalber ein Regencape mitnehmen und wissen, wo die nächste Schutzhütte ist. Wenn du nun aufhörst zu rauchen, dann wird es immer Situationen geben, in denen du ganz kurz davor bist, zur Zigarette zu greifen, sei es eine Stresssituation oder eine nette Party mit zusätzlich enthemmendem Alkoholkonsum. Was ist also zu tun?

Vermeide solche Situationen (Trigger), solange du nicht wirklich gefestigt bist. Wenn du am Anfang die eine oder andere Feier nicht mitmachen kannst, dann ist das bedauerlich, aber es rettet dein Leben. Bist du in einer Situation, in der du merkst, dass du schwach werden könntest, dann lauf so schnell du kannst. Geh sofort (!) raus aus der Situation, wenn es dir möglich ist. Verlasse die Feier unter irgendeinem Vorwand oder sag einfach die Wahrheit. Stärke ist, zu seinen Schwächen zu stehen.

Orts- beziehungsweise Situationswechsel schaffen gute Chancen, noch einmal davonzukommen. Wenn du dich wieder beruhigt hast, kannst du dir überlegen, ob du zu der Feier zurückkehren willst oder ob es doch noch zu gefährlich ist. Gehst du zurück und wird dein Verlangen nach einer Zigarette dann wieder zu stark, kannst du ja wieder gehen. Das ist völlig in Ordnung und du musst dich nicht als schwach oder als Verlierer sehen. Warum solltest du das auch tun? Es war eine strategisch absolut intelligente Handlung. Nicht zu kämpfen, spart Energie. Und du hast ohne Kampf einen Rückfall abgewendet. Das ist doch großartig. Das Ergebnis zählt, nichts anderes!

Je weniger Mittel man einsetzt, um ein Ergebnis zu erzielen, umso ökonomischer ist es. Du hast diese eine Notsituation durch Vermeidung gemeistert. Das bedeutet nicht, dass du nie wieder auf eine Party gehen kannst oder immer davonlaufen musst. Wie ich dir schon sagte, wenn es in den ersten Tagen geschieht, zählt es als Kampf gegen das Nikotin. Erinnere dich: ducken, abwarten, weglaufen. Nur frage dich dann, warum du unbedingt ein paar Tage vor der Party aufhören musstest zu rauchen. War diese Party so enorm wichtig, dass du deinen Erfolg aufs Spiel setzt? Es war nur diese eine Situation, mehr nicht. Beim nächsten Mal bist du gefestigter oder besser vorbereitet. Merke dir: Man muss weder jede Party mitmachen noch jede Schlacht.

Kind im Brunnen. Was ist nun, wenn du dich doch mit einer Zigarette wiederfindest? Das ist schrecklich und sehr ärgerlich. Wir müssen darüber sprechen, denn sooo selten tritt der Fall nicht ein. Du erinnerst dich: 97 Prozent werden rückfällig. Du hast die Nerven verloren und dir eine angesteckt. Zugegeben, es war ein Rückschlag. Schmerzvoll und unnötig, doch mehr war es nicht. Ein Rückschlag ist ein Gegentor. Genauso wie bei einem Gegentor sind der Spielstand und die Zeit, in der man es kassiert hat, entscheidend – aber vor allen Dingen, wie man mental damit umgeht. Bei einer 6:1-Führung verschmerzt man ein Gegentor besser. Passiert es in der zwölften Minute, bleibt genug Zeit, es auszugleichen. Aber egal wie das Spiel steht, egal in welcher Minute man es kassiert: Der Ball ist rund, ein Spiel hat neunzig Minuten und nach dem Spiel ist vor dem Spiel. Genug der Analogien – fast genug, denn wichtig ist bei einem Rückschlag, den Ball flach zu halten (sorry, die musste noch sein).

Ein Rückfall ist kein Riesenproblem, solange du keins daraus machst. Der Gedanke, ein Leben ohne Zigaretten hätte weniger genussvolle Momente oder weniger Lebensqualität, ist genauso falsch wie die Mär vom Rückfall. Beides sind ganz, ganz dumme Glaubenssätze. Irgendwer hat einmal damit angefangen, den Menschen einzureden, dass alles vorbei ist, wenn sie auch nur eine Zigarette rauchen, und sie sofort wieder genauso abhängig sind wie vorher. Das ist absoluter Quatsch!

Kleiner Rückfall. Nehmen wir an, du hast plötzlich eine angezündete Zigarette im Mund. Dann mach sie in dem Moment, in dem dir das bewusst wird, sofort aus. Um mich noch einmal deutlich auszudrücken: Ich meine mit „sofort" übrigens nicht gleich und auch nicht später, sondern: sofort! Denn mit jedem Zug an der Zigarette füllt sich dein Nikotindepot und leert sich deine Widerstandskraft. Somit wird auch der Entzug mit jedem Zug schmerzhafter. Ich sage bewusst, der Entzug wird schwerer, und nicht, es fängt bei 100 Prozent an. Welchen logischen Grund sollte es denn dafür geben? Eine Zigarette macht nicht wieder körperlich abhängig.

Aber diese Zigarette weckt deinen inneren Raucher, der dir sofort hellwach und quietschlebendig in den Rücken springt. Egal wie tot er sich vorher gestellt hat, jetzt gibt er richtig Vollgas, so wie du es noch nie erlebt hast. Jetzt hat er die Gelegenheit, seine alte Macht über dich zurückerlangen, auf die er wochen-, wenn nicht gar monatelang gewartet hat. Voller Kampfgeist und ausgeruht wird er seine Chance nutzen und dir die nächsten Tage so richtig einheizen, da sei dir mal ganz sicher. Wenn du ehrlich zu dir bist, hat er wahrscheinlich nicht ganz im Verborgenen gewartet. Diesem Rückfall gingen meistens schon Tage falscher Gedanken voraus.

Deswegen ist es für deine Psyche von enormer Wichtigkeit, dass du sofort reagierst und nicht nur in Alarmbereitschaft bist, sondern blitzschnell alle Verteidigungswälle hochziehst. Du musst deinen inneren Raucher sofort (!) mit aller Härte zurückschlagen. Mit der schnellen und bewussten Handlung zeigst du dir und ihm ganz klar, dass dein Entschluss weiterhin felsenfest besteht und wer hier das Kommando hat. Dieses Zigarette-Anmachen war ein Fehler, der schwerwiegend, aber händelbar ist. Dieser Fauxpas und die sofort beendete Zigarette zählen in deiner inneren Nachbesprechung nicht als eine komplett gerauchte Zigarette, sondern als Etappensieg. Die Gefahr, in die Falle eines unachtsamen oder leichtsinnigen Momentes zu tappen, ist sehr groß.

Noch verbreiteter ist der äußerst dumme Gedanke: „Jetzt ist sie eh schon an, dann kann ich sie auch weiterrauchen." Dem ins Wasser gefallenen Kind sagst du ja auch nicht: „Na, jetzt bist du sowieso schon ins Wasser gefallen, dann kannst du ja auch genauso gut ertrinken. Es hat ja keinen

Sinn, dich jetzt noch retten zu wollen.“ Natürlich springst du hinterher, egal wie sehr das eiskalte Wasser schmerzt, und rettest ihm das Leben. Genauso reflexartig musst du handeln, wenn es um dein eigenes Leben geht.

Nachdem du sie ausgemacht hast, verlässt du sofort die Situation, wenn es irgendwie möglich ist, und gehst zehn Minuten spazieren. Wenn das nicht möglich ist, gehe in einen anderen Raum. Nutze diese Zeit dafür, deine Notizen durchzusehen, dir dein weiteres Leben als Raucher bzw. als Nichtraucher vorzustellen und irgendwie runterzukommen. Natürlich hast du deine Notfallzettel und am besten sogar ein paar Kudzu-Pillen dabei, die dir helfen, aus der Nummer herauszukommen.

Bitte schreibe folgende Fragen jetzt auf einen Zettel oder in dein Handy, damit du sie im Notfall schnell zur Hand hast:

- *Sind die vier Minuten rauchen die vergangenen Leiden des Entzugs sowie die noch schwerer wiegenden kommenden Krankheiten wert, falls ich es danach nicht schaffe, wieder auszusteigen?*
- *Hilft die Zigarette jetzt tatsächlich? Und wenn ja, warum?*
- *Möchte ich wirklich wieder abhängig sein?*
- *Was ist mit meinen Zielen, die ich beinahe erreicht hätte?*
- *Was wird aus dem Umschlag, der einen großen Traum erfüllen sollte?*

Du darfst rauchen und dir eine neue Schachtel besorgen, wenn es wirklich nicht anders geht. Ich möchte nur für einen Aufschub sorgen und ein paar Minuten der Besinnung erreichen … Nur ein Nichtraucher kommt auf die dumme Idee zu sagen, dass du einfach nicht rauchen sollst. Aber du hast es hier mit einem waschechten ehemaligen Raucher zu tun, der weiß, wie höhnisch sich so ein blöder Rat anhört. In der Überlegungszeit wirst du dich vom Rauchen distanzieren. Es gibt niemanden, der sich nach dieser Zigarette nicht am nächsten Morgen unglaublich für seine Dummheit schämt. Du hast die Chance, dieses abgrundtiefe Schämen mit einer kleinen Handlung in Stolz umzuwandeln. Ich wollte gerade fälschlicherweise „bedachten Handlung" schreiben. Das Ausdrücken der Zigarette soll aber keine weise und überlegene, heroische Handlung sein. Sie muss so reflexartig sein, wie du einem dir entgegenfliegenden Gegenstand ausweichst.

Wenn du zur Zigarette greifst, befindest du dich in einer Extremsituation. Sonst würdest du keine rauchen wollen. Die Folgen dieser törichten Handlung werden im Moment des Rückfalls völlig ausgeblendet. Du willst jetzt rauchen, basta! Du verteidigst in dieser Stresssituation die Zigarette wie dein Leben. Deswegen präge dir folgenden Handlungsablauf tief ein und spiele ihn vor deinem geistigen Auge immer wieder ab, damit diese Handlung reflexartig passiert: merken, sofort ausmachen, Situation bzw. Ort verlassen, abkühlen, denken. Wenn das Gehirn sich erst mal einschalten muss, dauert es einfach zu lange und der innere Raucher ist bereits hellwach und fängt an, zu diskutieren und dich zu überreden. Deswegen möchte ich dich noch einmal dringend bitten, dir einen Film einzuprägen, wie du handelst, wenn es zur Rückfallzigarette kommen sollte. Übe den Reflex. Zigarette heißt „sofortiges Ausdrücken". Die Zigarette in deiner Hand ist wie die Stechmücke auf deinem Arm, okay? Also: sehen, zuschlagen, fertig.

Kommen wir doch noch mal zu den Fußball-Analogien zurück: Jeder Zug an dieser Rückfallzigarette ist ein Gegentor. Je schneller du sie ausmachst, umso einfacher ist der weitere Weg. Hat der Verteidiger den Ball in letzter Sekunde auf der Torlinie gerettet, ist der Jubel groß. Oder wenn der Ball schon hinter der Linie war, aber der Schiri nichts gesehen hat, dann pfeift der Torwart ein Liedchen und sagt lieber nichts dazu. Dann ist der Jubel auch groß. Du hast es also gerade noch geschafft. Bleib einfach am Ball und mach kein großartiges Gewese darüber. Aber nimm diese Zigarette als riesengroße Warnung. Analysiere später, was passiert ist, dass es so weit kommen konnte. Mache dir Gedanken, wie du diese Gefahr in Zukunft vermeidest.

Schwerer Rückfall mit mehreren Zigaretten. In dem Fall, dass du sogar mehrere geraucht hast, ist es wichtig, die Nerven zu behalten. Gewinnen kannst du dieses Spiel wahrscheinlich nicht mehr. Konzentriere dich auf die Abwehr, damit du keinen Gegentreffer mehr kassierst. Mehr ist nicht drin. Das heißt, du handelst genauso, wie oben besprochen. Aber natürlich hat deine große Dummheit schwerwiegende Folgen. Daran können wir nichts schönreden. Du brauchst jetzt wieder Mut und Vertrauen. Nein, du bist jetzt nicht wieder süchtig und es fängt nicht wieder von vorne an. Es ist unbestreitbar, dass du bis zu diesem Rückfall einen körperlichen wie geistigen Abstand zum Rauchen aufgebaut hast. So weit zu den äußeren Umständen. Was ist aber mit dem inneren Raucher? Ihm kann man nicht einfach so ausweichen, denn er begleitet dich überall hin, 24 Stunden am Tag, 7 Tage die Woche, 365 Tage im Jahr. Nun gut, das Spiel hast du jetzt verloren. Dem Verlust hinterherheulen und sich fertigmachen hilft nicht, um die Situation zu retten. Jetzt musst du eben einen Teil des Weges noch mal gehen, oder mit Olli Kahns Worten ausgedrückt: Mund abwischen, weitermachen. Selbstzweifel, heulen, sich fertig- oder kleinmachen, ewig auf dem Fauxpas rumreiten und so weiter bringen dich nicht weiter, aber nie das Ziel aus den Augen lassen und unbeirrt weiterkämpfen schon.

Halte immer ein paar Kudzu-Pillen in der Geldbörse bereit. Diskutiere nie wieder mit deinem inneren Raucher über das Für und Wider des Rauchens. Er will, dass du dich mit dem Rauchen beschäftigst. Wenn du ihm drei Stunden lang erklärst, dass du nicht rauchen willst, und es dann auch sein lässt, hat er dennoch gewonnen. Denn deine Gedanken ans Rauchen wurden drei Stunden lang aktiviert und die Datenautobahnen bekamen einen neuen Teerbelag. Wenn er sich meldet, versuche ihm kurz klarzumachen, dass du nie wieder eine Zigarette brauchen wirst und dich weigerst, auch nur eine Sekunde daran zu denken. Wenn das nicht hilft: Diskussion beenden und Kudzu nehmen. Fertig. Egal was passiert, sage:

„***Wegen dieser Sache werde ich doch nicht wieder anfangen zu rauchen – ich bin Nichtraucher und werde es immer bleiben!***“

Der Zeitpunkt des Rückfalls. Wenn du, kurz nachdem du aufgehört hast, rückfällig geworden bist, dann hast du eben die Techniken noch nicht genug integriert oder der Abstand zu deinem alten Raucher-Ich war noch nicht groß genug. Du warst noch nicht genug Nichtraucher, um der Versuchung zu widerstehen. In dem Fall konzentriere dich darauf, dass du vielleicht noch nicht weit genug von deinem Raucher-Ich entfernt warst und durch die Rückfallzigarette auch wieder mehr Raucher als Nichtraucher geworden bist. Das ist zwar dumm, aber niemand hat gesagt, dass es einfach wird oder alles glatt läuft – außer natürlich diese ganzen Ratgeber, die von Nichtrauchern geschrieben wurden.

Der innere Raucher hat Zeit, viel Zeit, eigentlich ein ganzes Leben lang. Er ist, wie schon gesagt, ein Widerling, und aus allen miesen Charakterzügen sticht „nachtragend“ besonders hervor. Er sinnt nach Rache. Da er nichts anderes ist als Raucher, wartet er zur Not auch jahrelang auf seine Wiedergeburt. Du wirst niemals ganz vor ihm sicher sein. Er wird immer wieder versuchen, deine schwachen Momente auszunutzen. Sei also auf der Hut. Es kann durchaus passieren, dass du nach Wochen oder Monaten, manchmal auch nach Jahren rückfällig wirst. Dann ist es sehr viel schwieriger, sich von jetzt auf gleich zu motivieren. Erschwerend kommt noch hinzu, dass du sehr lange kaum noch ans Rauchen und deswegen auch nicht an die Techniken gedacht hast, um die nächste Zigarette zu vermeiden oder mit dem Schmacht umzugehen. Das ist der Ausgangspunkt: erstens keine Motivation, zweitens keine Techniken mehr parat.

Was auch wegfällt, ist der ideale Zeitpunkt, den du dir seinerzeit für den Rauchstopp gesetzt hast. Beim ersten Mal hast du dich lange vorbereitet und dann bestimmt, wann es losgeht. Da kam es auf den einen Tag mehr oder weniger nicht an. Jetzt aber bist du in der Defensive. Du weißt, du musst sofort wieder aufhören, kannst es aber aus den oben genannten Gründen nicht. Du hast auch vergessen, wie schwer es dir beim ersten Mal gefallen ist. Vielleicht redest du dir auch ein, dass du nun auch erst mal eine kurze Zeit rauchen kannst und dann wieder aufhörst. Nur noch mal zur Erinnerung: Nicht du redest es dir ein, sondern dein innerer Raucher, der dich an den Hammelbeinen hat. Erfahrungsgemäß ist das der größte Fehler. Es kann eventuell Jahre dauern, bis man es wieder in Angriff nimmt. Ich rate dringend dazu, eine Wanderung zu machen oder eine Auszeit zu nehmen. Ein großes Problem ist auch, so paradox sich das anhört, dass die Phase des Nikotinentzugs praktisch wegfällt. So viel Nikotin hat sich nach einem Ausrutscher gar nicht im Körper angesammelt, als dass man von einer körperlich wahrnehmbaren Sucht sprechen könnte. Das heißt, es fehlt der sichtbare Gegner, den du bekämpfen kannst. Die Aufwärmrunde „Du vs. Nikotin" entfällt. Das soll nicht heißen, dass es mit Nikotinentzug einfacher geht, im Gegenteil. Also deute die Aussage nicht so, dass du jetzt erst mal drei Wochen rauchen sollst, weil es dann einfacher ist.

Alles in allem ist es eine mistige Situation. Am besten ist es, sofort wieder aufzuhören, und zwar mithilfe dieses Buches und allen Tricks, derer du habhaft werden kannst. Denn du weißt, dieses Buch hat dir seinerzeit den Weg in die Freiheit beschert. Wenn du ein Match verloren hast, dann wechselst du ja auch nicht den Trainer, der dich von der dritten in die erste Liga gebracht hat, oder? Kämpfe wieder hart, diszipliniert und entschlossen gegen deine Sucht und den inneren Raucher. Er wurde von dir aktiviert und wird genauso von dir wieder ausgeschaltet. Das hat seinerzeit funktioniert und wird wieder funktionieren.

Fehleranalyse. Setze dich mit dir und deinem Verhalten vor dem Rückfall auseinander. War es wirklich nur eine Kurzschlussreaktion oder hast du im Vorfeld Warnzeichen übersehen oder ignoriert? Hast du positiv übers Rauchen gedacht oder schon länger mit dem Gedanken geliebäugelt, „mal eine zu rauchen“? Hast du dich von deinem inneren Raucher in Gespräche verwickeln lassen? Was hättest du nicht oder anders machen können? Was lief nicht so gut oder hätte besser laufen können?

Laut der Bundeszentrale für gesundheitliche Aufklärung ist Rauchen für neun von zehn Lungenkrebserkrankungen verantwortlich. Ähnliches gilt für Kehlkopf-, Mundhöhlen- und Speiseröhrenkrebs. Wenn du jetzt aufhörst, hast du eine sehr gute Chance, dem Rauchertod zu entgehen. Dein Körper erholt sich jeden Tag. Nach zehn Jahren Nikotinfreiheit ist das Risiko, an Lungenkrebs zu erkranken, so hoch wie bei einem Nichtraucher. Und du bist, bei einer Schachtel täglich, mindestens um 25.000 Euro reicher. Vorausgesetzt, die Schachtel Zigaretten kostet in zehn Jahren immer noch „nur“ 7 Euro. Aber daran glaubt ja wohl niemand.

> ***Nimm dein Leben wieder in die Hand und lege die Kippe aus derselben. Es ist einfacher, als du denkst!***

Es wird bald der erste Tag kommen. Der Tag, an dem du alles auf eine Karte setzt. Nun hast du natürlich Lampenfieber, und viele Gedanken und Ängste gehen dir durch den Kopf. Was ist, wenn ich versage? Wie werde ich den ersten Tag bloß überstehen? Wann ist der beste Zeitpunkt? Den ersten beiden Fragen werden wir zusammen nachgehen, die dritte Frage beantworte ich dir sofort.

Der beste Zeitpunkt zum Aufhören ist sofort, oder gleich morgen. So ein Quatsch! Höre nie auf die dummen Ratschläge von Leuten, die keine Ahnung haben, wie schwer es ist. Du wirst merken, wann du dich kräftig genug fühlst, den Kampf aufzunehmen. Dann nimmst du dir ein Zeitfenster von vier bis fünf Tagen und wirst innerhalb dieser Tage irgendwann am Nachmittag oder frühen Abend die nun anstehende Zigarette spontan einfach nicht rauchen und natürlich auch alle Zigaretten, die danach kommen würden, nicht mehr. Der Vorteil, wenn du nachmittags die nächste Zigarette auslässt, ist, dass du dich spontan und bewusst entscheidest. Du bist jetzt der aktive Part, du bist Herr der Lage, der nicht passiv einer Entscheidung ausgeliefert ist, die du irgendwann getroffen hast. Du spürst, dass du jetzt die Kraft und den Mut hast, diese eine Zigarette wegzulassen und die nächste und die nächste – so lange, bis der rettende Schlaf der Nacht kommt.

In dieser Nacht setzt sich der am Nachmittag begonnene Entgiftungsprozess fort, sodass der folgende Tag mit einer viel niedrigeren Nikotinkonzentration im Blut beginnt. Zusätzliche Motivation und Kraft gibt dir auch die Tatsache, dass du ja eigentlich schon gestern aufgehört hast. Darauf kannst du sehr stolz sein. Je früher du am Vortag die letzte Zigarette rauchst, umso leichter wird dir der erste Tag als Nichtraucher fallen. Solltest du am Nachmittag doch noch eine rauchen, so ist das schade, aber du hast nicht das Gefühl, versagt zu haben, denn gezählt wird nur der ganze, also der folgende Tag. Spüre in diesem Fall in dich hinein und entscheide auch dann spontan, ob du es trotzdem wagen möchtest oder nicht.

Solltest du wirklich merken und gut begründen, dass der Zeitraum doch zu ambitioniert war, dann verschiebe es. Unter Druck aufzuhören, wenn es nicht absolut notwendig ist, ist kontraproduktiv und kann dein Projekt zum Scheitern bringen. Natürlich soll das keine Dauerausrede sein. Ebenso soll dir klar sein, dass es wohl nie den Tag geben wird, an dem es „mal einfach so“ geht. Du wirst leiden und kämpfen müssen. Da musst du durch. Aber einen sehr ekelhaften Tod zu vermeiden, sollte dir der Kampf wert sein.

Der erste Tag ist mitunter der schwerste. Deswegen plane ihn gut. Überlege dir vorher genau, wie du ihn gestalten wirst. Du hast viel gelernt und weißt, welche Trigger und Fallen dein Vorhaben schwieriger machen oder welche Situationen oder welche Personen, mit denen du gerne rauchst, dich eventuell scheitern lassen. Vermeide sie im Vorfeld so gut es geht. Geh ihnen in den ersten Tagen so lange wie möglich aus dem Weg, vor allen Dingen am ersten Tag. Überlege dir, welche Situationen dir wohl am schwersten fallen und wie du sie vermeidest oder mit ihnen umgehst. Studiere deine Reaktion vorher immer und immer wieder ein. Sehr ratsam ist es, wenn du jemanden hast, mit dem du diese Situation als kleines Theaterstück oder im Dialog durchspielen kannst. Besser ist es jedoch, sie ganz zu vermeiden. Am besten gehst du einen oder mehrere Tage wandern, weit weg von Zigarettenautomaten. Wenn du diese Möglichkeit nutzt, denke daran, dass du mit großer Wahrscheinlichkeit auf andere Wanderer mit Zigaretten triffst. Oder denke an abends, wenn du in einer Gaststätte oder im Hotel bist. Spiele auch diese Situationen durch. Vermeide deine Routinezigaretten. Sorge für ein entspanntes, ruhiges Klima und belohne dich abends für deinen Erfolg. Du kannst natürlich auch einen Plan für zwei bis drei Tage oder für die ganze erste Woche machen.

Verschieberitis. Setze bzw. suche dir einen Zeitpunkt zum Aufhören. Die ersten zwei, drei Tage sollten so frei von Triggern wie möglich sein. Also keine Partys und keine Treffen mit Freunden, die dich zum Rauchen animieren könnten. Einschließen im Kämmerlein ist aber auch nicht unbedingt ideal, denn das könnte sehr langweilig sein. Langeweile ist auch ein gefährlicher Trigger.

Warum ist es gut, alles zu vermeiden? Irgendwann muss man sich doch eh diesen Situationen stellen. Die rosarote Plüschglocke kann man doch nicht ewig beibehalten. Nein, natürlich kann man nicht immer allem ausweichen, irgendwann muss man in den reißenden Strom springen. Aber beim Schwimmenlernen schwimmt man am Anfang auch unsicher am Beckenrand. Später kann man auch in wilden Gewässern schwimmen. Bitte fang bald an, mit deinem Sprung in die Freiheit. Schmacht und Pein sollten keine Ausrede sein. Ertrage sie mit Würde, denn sie sind allemal besser als der Tod.

> ***Leichter ist es, Menschen zu finden, die freiwillig in den Tod gehen, als solche, die mit Geduld Schmerzen ertragen.***
>
> *– Gaius Julius Caesar*

Nun wird es wirklich ernst! Hast du alle Rauchutensilien weggeschafft? Hast den Briefumschlag mit dem Geld für deinen großen Traum überreicht?

Trage hier zur letzten Vorbereitung alle wesentlichen Punkte ein:

Mein erster Tag

Zwischen 18.03.2023 und 19.03.2023 werde ich meine letzte Zigarette rauchen.

1. Ich werde folgende Maßnahmen ergreifen, um nicht getriggert zu werden oder einen Anker einzuholen:

1. Ich Gönne mir Ruhen & Pausen
2. ich lenke mich im Garten ab
3. ich mache Mudras
4. ich denke an mein neues LEBEN! ohne Zigaretten

2. Unausweichlichen und eventuell schwierigen Situationen werde ich folgendermaßen begegnen:

3. Das tue ich zur Entspannung und zur Beruhigung meiner Nerven:

1. schlafen
2. Tee trinken
3. mich zurückziehen
4. Baldrian Spray nehmen
5. Gesicht kalt waschen
6. Zähneputzen

Schritt 8

Mach dich zum Nichtraucher

Du hast dich durch Persönlichkeitsentwicklung weitgehend von der Lüge, ein Raucher zu sein, befreien können und wurdest in vielerlei Hinsicht selbstbewusster. Um in der Matrix-Analogie zu bleiben: Du hast die rote Pille geschluckt und bist aus der irrigen Annahme erwacht, du wärst ein Raucher. Ab jetzt wirst du dich in der Nichtraucherwelt zurechtfinden müssen. Trotzdem ist dieses alte Raucherleben noch so präsent, dass es dich immer wieder in die alte Welt zurückziehen möchte. Du lebst die ersten Tage oder sogar Wochen in einer Art Zwischenwelt. Noch nicht ganz aus der Raucherwelt befreit und noch nicht zu einhundert Prozent in der neuen Nichtraucherwelt angekommen.

Deswegen möchte ich dich im letzten Kapitel lieber noch ein kleines Stück begleiten und dir nebenbei ein wenig Information über den Umgang mit Gedanken und dem Unterbewusstsein mitgeben. Was ist dieses Unterbewusstsein überhaupt? Es ist auf jeden Fall weitaus mehr, als unser Bewusstsein wahrnehmen und begreifen kann. Daher bleibt es zum großen Teil unsichtbar oder eben unbewusst. Wir begreifen die Dimension und Bedeutung dieses Unterbewusstseins nur langsam und beginnen so, seine Sprache zu verstehen. Es kann sein, dass dem

Unterbewusstsein einiges angedichtet wird, wofür es gar nichts kann. Dennoch gibt es Dinge, die über Erfolg oder Nichterfolg entscheiden. Dinge, die man gerne als Scharlatanerie, Magie oder auch als Blödsinn abtun möchte.

Um dir die Arbeitsweise des Unterbewusstseins ein Stück näherzubringen, mache bitte folgende kleine Übung.

Welche zwei Wörter fallen dir spontan zu folgenden Begriffen ein und welches Gefühl hast du, wenn du das Wort hörst? Lautet es zum Beispiel „Bauernhof", könnte dir dazu „Landleben" und „Hühner" einfallen. Und dein spontanes Gefühl wäre Freude, da du als Kind einen Spielzeugbauernhof hattest. Los geht's:

- *Frühling*
- *Spinnen*
- *Schlittschuhlaufen*
- *Wandern*
- *Hunde*
- *Katzen*
- *Italien*
- *Weihnachten*
- *Mongolei*
- *Rarotonga*
- *Tobolsk*

Reflektiere noch einmal kurz deine Antworten zu diesen willkürlich ausgesuchten Begriffen. Zu jedem und allem hast du in Sekundenbruchteilen Assoziationen und ein

Gefühl parat – außer zu den letzten beiden Begriffen „Tobolsk“ und „Rarotonga“, oder? Tobolsk ist eine Stadt in Sibirien und Rarotonga ist eine Insel im Pazifik, wo man auch Hawaii und Tahiti und so feine Sachen findet.

Halt mal kurz an und spüre in dich hinein, bitte.

...

Hast du gerade ein wohliges Gefühl gehabt? Und wenn ja, warum? Weil dein Unterbewusstsein über alles, was du kennst, Schubladen mit Glaubenssätzen und Gefühlen gespeichert hat. Nun hast du erkannt, wie rasend schnell dein Unterbewusstsein ist und sofort aus einer schier unfassbar großen Datenmenge genau die richtigen Informationen mit den entsprechenden Gefühlen bereitstellen und damit großen Einfluss auf dein Leben nehmen kann. Also ist es sinnvoll, sich mit ihm ein wenig anzufreunden. Du hast bis eben bestimmt noch nie von Rarotonga gehört und deswegen auch mit Sicherheit kein Gefühl für diesen Ort gehabt. Wenn jedoch nur die geringste Information dazukommt, geht in dir automatisch eine Schublade mit dem entsprechenden Gefühl dafür auf. Rarotonga gleich Tahiti gleich Südseeinsel mit Palmen, Sonne, Strand und Cocktailbars.

Jetzt mal langsam. Du musstest bisher ja schon einiges verdauen. Aber mal ehrlich, ist dieses ominöse Unterbewusstsein nicht irgend so ein esoterischer Spinnerkram? Sollte man sich nicht besser auf seinen Verstand verlassen, also auf sein Bewusstsein? Die Antwort ist ein klares „Jein“. Natürlich braucht man zwingend das Bewusstsein, um sein Leben zu bewerkstelligen. Das Unterbewusstsein und das Bewusstsein arbeiten völlig unterschiedlich und ergänzen sich dadurch.

Ich mag das Bild vom kleinen Motorbötchen an der Wasseroberfläche, das durch eine schwere Kette mit einem riesigen U-Boot tief unten im Meer verbunden ist. Das Bewusstsein ist das kleine Boot, das den ganzen lieben langen Tag auf der Wasseroberfläche hin und her jagt. Dabei kann es jede Richtung einschlagen und sofort beidrehen, anhalten oder vorpreschen, wie es ihm gerade passt. Es kann blitzschnell entscheiden und auch genauso schnell seine Meinung wieder ändern. Seine Aufgabe ist es, die Welt zu erforschen und zu berechnen. Mit den gesammelten Daten versorgt es das dicke, fette U-Boot namens Unterbewusstsein. Dieses vergleicht die neuen Informationen mit seinen gespeicherten Glaubenssätzen und entscheidet dann, ob eine Kursänderung sinnvoll ist. Dabei verlässt es sich lieber auf altbewährte Erfahrungen und Glaubenssätze, als sich aufgrund neuer Informationen in unsichere Abenteuer zu stürzen. Eine Information muss entweder sehr bedeutend sein oder öfters gesendet werden, um relevant zu werden. Eine neue Information hat also kaum Bedeutung, aber sie ist ein Anfang.

Das U-Boot ist unter Wasser taub und blind. Deswegen muss es sich auf die Informationen verlassen, die ihm das Motorboot schickt. Das Problem ist, dein kleines Motorboot gab dem U-Boot jahrelang positive Informationen über das Rauchen. Also hat dein Unterbewusstsein im Laufe der Jahre nicht nur unendlich viele tolle Raucherglaubenssätze geschaffen, sondern sieht es auch als Fakt an, dass Rauchen zu deinem Leben und deiner Persönlichkeit gehört. Da es die Aufgabe des Unterbewusstseins ist, eine stabile Ordnung zu halten, wird es an diesen Glaubenssätzen festhalten, ohne sie zu hinterfragen. Ein Glaubenssatz, welcher bisher das Leben gesichert hat, ist richtig – basta! Der Glaubenssatz „Zigarette hilft bei Stress“ ist für das Unterbewusstsein genauso richtig wie der Glaubenssatz „Tiger ist gefährlich“. Beide Programme sicherten bisher das Leben und es gibt keinen Grund, warum das plötzlich anders sein sollte. Für das Unterbewusstsein hat die Welt, mit der du bisher überlebt hast, immer Vorrang vor einer Veränderung.

Zeitreise ins Unterbewusstsein. Ein Fellmensch streift durch die Steppe und begegnet weder beabsichtigt noch erfreut einer säbelbezahnten Großkatze. Sein Unterbewusstsein macht blitzschnell die Schublade „Miau ist gefährlich“ auf und gibt reflexartig den Befehl, Fersengeld zu geben. Wenn sich im Nachhinein rausstellt, dass das Kätzchen gar nicht böse ist, so war die Entscheidung „weglaufen“ in dem Moment dennoch richtig. Denn wenn das kleine Motorbötchen namens Bewusstsein heute auf die Idee gekommen wäre, es mal mit Kuscheln statt mit Weglaufen zu versuchen, könnte unser Fellmann abends beim Lagerfeuer kein Seemannsgarn vom wilden Kampf mit der Bestie erzählen. Die Schwerfälligkeit des U-Bootes schützt vor gefährdenden Schnellschussgedanken. Jetzt nicht mehr rauchen zu wollen, ist für das Unterbewusstsein ein genauso neumodischer und damit gefährlicher Schnellschussgedanke wie die Idee, es mal mit Großkatzen-Hugs zu versuchen. Es bleibt lieber beim Altbewährten und lässt dich weiter rauchen.

Wie bringen wir diesem störrischen Unterbewusstsein nun bei, dass Rauchen ab jetzt schädlich und Nichtrauchen total toll ist? Jedes Mal, wenn das leichte Bötchen mit seiner neuen Idee, nicht mehr zu rauchen, an der Kette rüttelt, wird es vom großen und schweren U-Boot gestoppt. Doch mit jedem Rütteln gibt es dem U-Boot einen Impuls in eine neue Richtung. Die Lösung ist nun, immer und immer wieder in die Richtung zu ziehen, in die man will, um dem Unterbewusstsein wieder und wieder einen Impuls in die neue Richtung zu geben. Wenn du über Wochen in die gleiche Richtung ziehst, wird das U-Boot nach und nach den neuen Kurs übernehmen. Es ist mühselig und anstrengend, bis man den Kurs des Unterbewusstseins geändert hat. Aber auch spannend und interessant. Außerdem sind Erfolg und Selbstbestimmung eine sehr befriedigende Angelegenheit, die man im Leben mal ausprobiert haben sollte.

Das Motorboot zieht also immer wieder an der Kette und ändert so die Richtung des U-Bootes. Natürlich wird das U-Boot die Richtung nur ändern, wenn mit einer gewissen Kraft an der Kette gezogen wird. Diese Kraft heißt wie immer Gefühl. Gefühle sind auch hier wieder die Wunderkraft, die alles kann und dein U-Boot auf den neuen Kurs bringt. Die Regel lautet also: je mehr Gefühl, desto stärker der Zug an der Kette. Irgendwann wird der Zeitpunkt zwangsläufig kommen, an dem diese schwere U-Boot-Masse so viel Impuls in die neue Richtung bekommen hat, dass es das Motorboot nicht mehr bremst, sondern in die neue Richtung zieht. Und dann geht alles wie von allein. Doch gibt es Hindernisse, die wir besprechen müssen, damit du diese Fehler nicht machst: Solange du innerlich doch noch irgendwie davon überzeugt bist, dass Zigaretten toll sind, wirst du nicht fest genug an der Kette ziehen. Es ist so, als würdest du gelangweilt und unsicher an der Leine eines großen, alten Hundes ziehen, der partout keine Lust hat, dir zu gehorchen. Eher ist es wahrscheinlich, dass der Hund dich dorthin zieht, wo er hinwill.

Je mehr Trigger aufeinandertreffen, umso größer wird das Verlangen nach einer Zigarette. Schmacht ist schlimm. Schmacht plus Alkohol ist gefährlich und bei Schmacht plus Alkohol plus Frust wird es brenzlig. Wenn man dann noch einen guten Freund auf einer Party trifft, der jetzt mit der Ex zusammen ist, haben wir einen sauberen Befehl vom U-Boot-Unterbewusstsein, dass du jetzt eine rauchen musst, damit du keinen seelischen Schaden erleidest. Dann ist nämlich die höchste Warnstufe für dein Unterbewusstsein erreicht und es wirft alle neumodischen Ideen über den Haufen und greift sicherheitshalber auf altbewährte Rettungsmanöver zurück. Mache nicht dein Unterbewusstsein dafür verantwortlich. Es kann nun wirklich nichts dafür, wenn du so unvernünftig bist und dir die Party geben musstest.

Wenn du die anfänglich noch auftretenden Entzugserscheinungen wie Angst, Nervosität oder Reizbarkeit nicht als die normalen Erscheinungen annimmst, die sie nun mal sind, bekommst du dein U-Boot-Unterbewusstsein kein Jota vom Fleck weg. Ist doch klar: Als Raucher war alles in Ordnung. Jetzt rauchst du nicht mehr und plötzlich bist du nervös, hast Angst und Panikgefühle, bist aggressiv und verwirrt. Was soll dein Unterbewusstsein denn denken, wenn du ihm diese Signale sendest? Du bestärkst doch dadurch den Glaubenssatz, dass Rauchen die bessere Lösung ist. Deswegen achte auf die Signale, die du dem U-Boot in dir sendest. Wenn du am Anfang Probleme mit dem Entzug und der neuen Nichtraucherwelt hast, dann erkenne sie, arbeite dran, akzeptiere sie, aber dramatisiere sie nie. Erkläre deinem Unterbewusstsein, dass es nur vorrübergehend holprig ist, aber es dir dennoch dabei gut geht und sich deine Lebensqualität mittel- und langfristig wirklich verbessern wird, wenn du nicht mehr rauchst. Du kannst sehr viel falsch machen. Ich werde dir die wichtigsten Fehler aufzeigen, die du unbedingt vermeiden solltest. Natürlich wirst du sie machen. Verurteile dich nicht dafür, denn es ist nur natürlich und menschlich. Wir reden zwar von „umprogrammieren“, deswegen bist du aber noch lange kein Roboter.

Wenn du nicht kontinuierlich ziehst, verpufft die Energie, die du in dein Projekt gesteckt hast, da das U-Boot wieder an Schwung verliert und zum Stillstand kommt. Wenn du ab und an mal in diese und mal in jene Richtung ziehst, kann es natürlich auch keine Richtung geben, in die das U-Boot fahren soll. Ein kräftezehrender Schlingerkurs ist die Folge. Irgendwann gibst du auf, weil es zu anstrengend ist und du keinen Weg erkennen kannst.

Psychohygiene – ich denke, also fühl ich. Ist das noch gut oder kann das weg? Deine Vorlieben und Abneigungen werden ständig und automatisch in dir umhergewälzt wie Wäsche in einer Waschtrommel. Das macht dein Gehirn, um zu hinterfragen, ob das jeweilige Wissen noch relevant ist oder nicht. Deswegen redet es die ganze Zeit in dir. Was vielen nicht bewusst ist: Man kann diese automatisch ablaufenden „Selbstgespräche“ nicht nur beobachten, sondern auch ändern. Dazu musst du dir aber erst einmal deiner Gedanken und deren Einfluss auf deine Gefühle bewusst werden. Versuche doch ab und an, deinen Gedanken zuzuhören. Beobachte, was „es“ gerade so in dir denkt oder fühlt. Das bedeutet, achtsam zu sein gegenüber dem, was im Augenblick geschieht. Viele Leute meinen, achtsam sein wäre etwas für esoterische Spinner, Meditierer, Tagträumer und (Schein-)Heilige. Das Gegenteil ist der Fall. Achtsam zu sein, ist höchste Konzentration und kein Vor-sich-hin-Dämmern.

Entgifte deinen Geist. Ein nicht unbedeutendes Problem, warum wir weiterrauchen, obwohl wir doch wissen, wie schädlich es ist, ist unser innerer Raucher. Ah, da ist er wieder. Ich sagte doch, er ist gut im Verstecken und steht urplötzlich auf der Matte. Also, das Problem an ihm ist, er hat überhaupt keine Lust, dass sich irgendetwas in eine neue Richtung bewegt. So wie du, ohne direkt etwas zu merken, deinen Körper mit Fertiggpizzen, Alkohol und Zigaretten vergiften kannst, kannst du deinen Geist mit toxischen Gedanken vergiften. Du kannst dich weiterhin über all die Autofahrer und den Rest der Welt aufregen, nachträglich die Vergangenheit verfluchen und vorsorglich über die Zukunft jammern. Warum auch nicht, das hat bisher funktioniert und du hast es überlebt. Aber wenn du es einfach mal ausprobierst, die eine oder andere Mahlzeit gesünder und den einen oder anderen Gedanken fröhlicher zu gestalten, wirst du merken, dass sich dein Leben leichter und angenehmer anfühlt und sich langfristig auch die Umstände verbessern. Du kannst bei Kleinigkeiten wie langen Schlangen an der Kasse und Dränglern im Straßenverkehr üben. Entscheidest du dich für das Ärgern, vergiftest du deinen Geist und deinen Körper mit Kampfhormonen wie Adrenalin und Kortisol – oder aber du bleibst ruhig, summst ein Liedchen in dich hinein und schwelgst in einem Hormoncocktail der Liebe, der hauptsächlich aus Oxytocin besteht. Du erinnerst dich? Oxytocin ist das Rundum-alles-ist-gut-Hormon. Diese scheinbar kleinen Situationen des alltäglichen Wahnsinns sollten dein Übungsfeld sein. Wenn du dort Gelassenheit übst, wirst du später auch bei größeren Prüfungen des Lebens ruhiger bleiben. Genauso wie der Körper seine Zeit braucht, sich zu entgiften, wenn man sich plötzlich gut ernährt, braucht auch dein Hirn seine Zeit, bis die destruktiven Gedanken nicht mehr da sind. Denke an die Datenautobahnen. Fang also besser gleich damit an, dein Gehirn mit fördernden Gedanken zu füttern.

Du bist das Resultat deiner Gedanken. Du kannst alles von mehreren Seiten betrachten. Alles, was dir in deinem Leben widerfährt, kannst du schwarzmalen oder durch die rosarote Brille sehen. Beide Sichtweisen sind lediglich individuelle „Wahrnehmungsbrillen", welche die Welt interpretieren. Jeder Mensch erlebt die Welt durch seine persönliche Brille. Das ist auch gut so, denn wir brauchen verschiedene Interpretationen der Wirklichkeit. Die Mischung ist für den Fortbestand einer Spezies mit Sicherheit von Vorteil. Die einen zögern und warnen vor Gefahren, während die anderen mutig vorangehen, neue Kontinente entdecken, unbekannte Beeren essen und mit großen Raubkatzen spielen. Zögerer würden ihr Dorf nie verlassen und viele nützliche Dinge nie entdecken, dafür wäre es aber sicher. Nassforsche bringen dem Dorf neue Impulse, da sie viele Dinge einfach mal ausprobieren – auch, wie es sich anfühlt, einen Säbelzahntiger zu streicheln. Es braucht in einer Zivilisation die Forschen genauso wie die Vorsichtigen, damit sie überleben kann.

Natürlich gibt es nur eine Realität. Aber du kannst deine persönliche Realität tatsächlich mit deinem Fühlen, Denken und Handeln verändern. Alles, was du trinkst, isst, denkst, fühlst, sagst und tust, wirkt sich auf deine Gegenwart aus. Deine Gegenwart bestimmt wiederum deine Zukunft. Fühlst du dich gut, erlebst du schöne Dinge. Redest, denkst oder fühlst du negativ, wird auch deine Welt sich so in deinen Gedanken und Gefühlen widerspiegeln.

Von den vielen Büchern und Vorträgen, die ich im Laufe der Jahre lesen und hören durfte, hat mich Jan Beckers Buch „Du wirst tun, was ich will: Hypnose-Techniken für den Alltag“ besonders beeindruckt. Becker beschreibt sehr anschaulich und auf erfrischende Art, wie alles, was du tust, denkst und sagst, sich direkt auf dein Leben auswirkt. Es macht nun mal einen Unterschied, wie du dich kleidest, deine Wohnung einrichtest, welche Farben du dafür verwendest und so weiter. Alles, was du tust, spiegelt sich in der Umwelt wider. Wenn du dich gut fühlen möchtest, dann behandle andere Menschen wohlwollend und mit freundlichem Respekt, denn sie werden dich daraufhin höchstwahrscheinlich ebenso behandeln. Das wiederum gibt dir ein gutes Gefühl, welches du wieder weiterträgst.

Du wirst dich, je nachdem wie du dich kleidest, anders fühlen und auch anders gesehen und behandelt werden. Je nachdem, wie schnell oder langsam und in welchem Ton du sprichst, kann es dich belasten oder vorwärtsbringen. Versuche, jeden Tag ein wenig liebe- und respektvoller mit dir und deiner Umwelt umzugehen. Sei achtsam bei deiner Wortwahl und deinen Gewohnheiten. Kreiere so oft es geht schöne Momente für dich und deine Umwelt. Sie wird es dir danken und in irgendeiner Weise zurückgeben. Wenn du erst mal begonnen hast, alles, worüber du dich am Tag so ärgerst, bewusst als neutral oder besser noch als positiv zu sehen, wirst du merken, dass deine Laune besser wird. Deine Nerven werden belastbarer und immer mehr Dinge gehen dir regelrecht am Allerwertesten vorbei, weil es dich einfach nicht mehr tangiert. Probiere es mal bei Kollegen und Chefs, im Supermarkt, auf der Straße oder in der U-Bahn aus.

Lasse das Handy bei deinem nächsten Spaziergang zu Hause oder abgeschaltet. Halte dann ab und an spontan ein paar Minuten an und nimm so viel, wie du kannst, bewusst auf. Spüre die Umwelt und spüre in dich hinein. Sage einen Tag lang zu allem, was dir begegnet, so etwas wie: „Hey toll, dass es dich gibt. Ich freue mich ja so, dass du gerade da bist. Hallo Einkaufswagen, du bist einfach klasse. Hey Straßenlaterne, ich liebe dich, danke, dass du leuchtest. Hey Hund, der du gerade auf den Gehweg kackst, du machst das toll, hab einen schönen Tag." Das hört sich kindisch und lächerlich an? Ja stimmt. Deswegen sollst du es ja auch nur in Gedanken machen und nicht laut vor dir hersagen – das käme wirklich sonderbar rüber ... Du wirst merken, deine Laune wird tatsächlich besser. Natürlich bleibt die Welt die gleiche. Aber du färbst deine Welt mit neuen Farben ein, und zwar in Alles-eitel-Sonnenschein-Farben.

Was die meisten Menschen nicht wissen oder einfach im Alltag vergessen: Jeder hat die Möglichkeit, seinen Tag umzufärben. Jeder kann das, auch du, und zwar jederzeit, also sogar jetzt gleich. Mit einem Malkasten mit bunteren und helleren Farben für die Realität wird dir der Entzug leichter fallen. Aber du kannst sie nur mit den Farben einfärben, die du in deinem Malkasten hast. Wo bekommt man nun so einen Malkasten her? Den erschaffst du in dir selbst. Mit jedem fröhlichen Gedanken werden die Farben deines Malkastens ein klein wenig leuchtender und bunter. Entgifte dich von den dunkelgrauen Gedanken und bekomme mit jedem positiven Gedanken etwas mehr von dieser

Rosarote-Welt-Farbe für deinen Malkasten. Er
an den Grundsatz der Psychologie:

- *Alles, was beachtet wird, verstärkt sich:* Schöne Gedanken erschaffen weitere schöne Gedanken, und gute Laune ist ansteckend.
- *Alles, was weniger beachtet wird, schwächt sich ab:* Ärgerliche Gedanken zu vermeiden, verursacht weniger Ärger und Stress. Schlechte Laune ist auch ansteckend.

Gifte des Alltags. Gedanken können dir wunderbar deine Laune vermiesen, dir den Tag ruinieren und dadurch deine Nerven belasten. Die Folge ist, dass du unter Stress stehst. Dein Unterbewusstsein reagiert auf diesen Konflikt und will – da es immer auf Ökonomie, also Ausgeglichenheit fixiert ist – helfen. Wie du schon gelernt hast, arbeitet es sehr schnell und effektiv. Also sucht es zuallererst nach alten Erfahrungen, die dir in ähnlichen Situationen geholfen haben, und greift darauf zurück. Die Erfahrung der letzten Jahre hat gelehrt, dass eine Zigarette die perfekte Antwort auf Stress, Ärger, Anspannung und so weiter ist. Wenn du dich also mit toxischen Gedanken vergiftest, bist du genervt und anfälliger für eine Zigarette. Tja, so einfach ist das. Vermeide Ärger, Stress und Problemewälzen. Ärgere dich nicht über jeden Mist. Meistens ist es die Sache gar nicht wert. Die Lösung ist locker daher gesagt, aber mit Training und Achtsamkeit möglich.

Der richtige Umgang mit Problemen. Wälze nicht ständig deine alten Probleme, sondern nimm dir jeden Tag eine halbe Stunde Zeit, in der alle Probleme des Tages mal in Ruhe mit dir sprechen dürfen. Immer wenn sich ein Problem bei dir meldet, sagst du ihm, dass das ja alles ganz interessant sein mag und du es dir jetzt gemerkt hast. Aber erst heute Abend um halb acht wird darüber mal in Ruhe und konzentriert nachgegrübelt. Zeig ihm und dir, dass es dir wichtig ist. Mach ein Memo oder eine Sprachnotiz. Damit „weiß" das Problem, dass du es nicht vergessen wirst. So muss es sich auch nicht alle drei Minuten bei dir melden, um dir zu sagen, dass es immer noch da ist. Mit ein wenig Übung kann man so die meisten Probleme erst einmal zur Seite schieben. Du musst aber dann auch wirklich genau um diese Zeit die halbe Stunde für deine Probleme da sein. Man kann sich immer nur bis zu einem gewissen Grad selbst verarschen. Wenn du nicht zu deinem Wort stehst, werden die Probleme dir nicht mehr glauben und dich wieder den ganzen Tag nerven. Du wirst auch merken, dass die meisten Probleme sich bis zum Abend von selbst erledigt haben. Meistens, weil es eh nur Hirnwixerei war. Frei nach dem Motto: Was wäre, wenn ...

Streit und Zorn. Mein Gott, dann lass dem Typen die Vorfahrt, auch wenn er sie gar nicht hat und sich brutal reindrängelt. Lass anderen ihre Meinung, auch wenn sie deiner Ansicht nach völlig danebenliegen. Sie können ruhig ohne dein Dazutun dumm sterben. Das ist nicht dein Problem. Lass das Muttchen an der Kasse ihr Kleingeld bei einem netten Plausch mit der Kassiererin zusammenkratzen. Lass die Welt doch vor sich hin drehen und die Geschöpfe mit ihr. Solange dich niemand wirklich angreift, solltest du dir angewöhnen, dich nicht drüber zu ärgern. Denn hier wirkt das Prinzip der Kausalität:

Jede Ursache hat ihre Wirkung

Wenn du dich ärgerst, zieht das weiteren Ärger an. Dampf ablassen ist kontraproduktiv. Probanden, die sich über eine Gegebenheit aufregen, haben nachweislich mehr und länger Stresshormone im Blut als solche Probanden, die sich bei gleichem Szenario nicht künstlich aufblasen. Reg dich nicht auf, sondern steh drüber und sag dir, dass der, die oder das dich doch gar nicht berühren kann.

Weiter geht es mit allem, was du ablehnst, bewusst oder unbewusst. Wie stehst du prinzipiell zu Hunden, Katzen, BMW-Fahrern, Peniblen, Schlampigen, Wolken, Regen, Unrat? Du sollst nicht deine Meinung darüber ändern und plötzlich Schlampigkeit wahnsinnig toll finden, darum geht es nicht. Nur muss man sich nicht über jeden Pups aufregen. Wer das Leben nicht zu bierernst nimmt, braucht bei ärgerlichen Ereignissen keine Zigarette, um nicht „in die Luft zu gehen“, wie es uns das kleine HB-Männlein jahrzehntelang eingeredet hat. Es reicht auch, mal ein paar bewusste Atemzüge frische Luft zu nehmen, innerlich einen Schritt zurückzugehen und sich zu fragen, ob es wirklich sinnvoll ist, sich darüber zu echauffieren. Falls Ärger aufkommt, frage dich innerlich ganz schnell, ob es nun Spaß macht, sich aufzuregen, oder eher Stress verursacht. „Jaja“, sagst du, „das hört sich alles einfach an, aber die Welt holt einen doch ein.“ Na und? Ich habe nie behauptet, es ginge von heute auf morgen. Aber es lohnt sich, damit anzufangen.

Epilog

Wir verabschieden uns nun hier und ich hoffe, ich konnte dich fürs Aufhören begeistern. Du weißt nun, worauf du dich einlässt und wie sehr die Zigarette inzwischen schon von dir, deinem Hirn, deiner Seele und deinem Leben Besitz ergriffen hat. Sie bestimmt deine Gefühle, deine Handlungen, deinen Alltag und deine zwischenmenschliche Kommunikation. Jeder Gedanke und jedes Gefühl sind mal mehr, mal weniger vom Rauchen beeinflusst und haben umgekehrt wiederum Einfluss auf dein Rauchverlangen.

Lass die Zigarette ziehen wie einen alten Wegbegleiter, der mit der Zeit zur Last geworden ist. Zugegeben, es war oft eine tolle Zeit mit ihm. Am Anfang war er ein wirklich guter Freund und Begleiter und ihr hattet unheimlich Spaß zusammen Aber wie sich auch manchmal Menschen ändern, so entpuppte sich dieser vermeintliche Freund letztendlich doch als Feind für deine Gesundheit und deine Freiheit. Nun ist es Zeit, adieu zu sagen. Beginne mit Zuversicht und Freude dein neues Leben – ein Leben in Freiheit und Glück, in dem du mehr Geld hast, gesünder bist und mehr Selbstachtung und Anerkennung genießt.

Jetzt liegt es allein an dir, etwas aus dem zu machen, was du gelesen oder dir sogar schon erarbeitet hast. Legst du dieses Buch zur Seite oder ins Regal, oder hast du den Mut, ein neues Leben zu beginnen? Springe nicht Hals über Kopf in die Schlacht, sondern bereite dich gut vor. Verschiebe es aber auch nicht auf irgendwann. Denn:

Irgendwann ist irgendwann zu spät

Du hast alle Aufgaben in diesem Buch absolviert. Ich weiß, ich habe weitaus mehr von dir gefordert, als du es anfänglich dachtest. Aber es waren keine Fleißarbeiten, nach denen am Ende die Belohnung des Nicht-mehr-Rauchens auf dich wartet. Du kannst dich nicht ausruhen und meinen, bloß weil du so brav mitgearbeitet hast, geht jetzt alles ganz locker und flockig von der Hand. Nein! Deine Schmerzen und deine Tragödie beginnen erst jetzt. Alles, was du bisher getan hast, war, die Werkzeuge bereitzulegen. Jetzt musst du sie für dich nutzen.

„Nichtraucher werden" ist übrigens eine ganz große Lüge. Das hast du inzwischen wohl auch begriffen. Man wird groß und man wird alt. Das passiert von ganz alleine. Aber man wird nicht Nichtraucher, sondern man macht sich zum Nichtraucher. Vergiss das nie.

Alles Gute in deinem Leben,

Helmut

Wie schnell sich ein ‚nicht jetzt‘ in ein ‚niemals‘ verwandelt.

– Martin Luther

Über den Autor

Ich war nach der ersten Zigarette süchtig und rauchte über zwanzig Jahre, bis zu fünfzig Zigaretten am Tag. Ich konnte nicht ohne Nikotin leben und wollte es auch gar nicht, denn ich war Raucher durch und durch. Wenn der Nikotinspiegel nachts um drei Uhr sank, musste ich „nachlegen", um weiterschlafen zu können. Jeden Abend schämte ich mich für meine Schwäche und nahm mir vor, der nächste Tag würde der erste Tag der Freiheit sein. Obwohl ich merkte, dass Zigaretten vielleicht doch ein wenig, sagen wir mal, „gesundheitsabträglich" sind, hatte ich spätestens nach dem Aufstehen schon die erste Fluppe im Mund.

Es gibt wohl kaum einen schrecklicheren Tod, als wochenlang Tag und Nacht schweißgebadet aufrecht im Bett zu sitzen und nach und nach zu ersticken. Der Puls rast von den Medikamenten und der Anstrengung und an Schlaf ist nicht zu denken. Völlig erschöpftes Zusammenbrechen gibt ein wenig Erholung. Dabei rede ich nicht einmal von Lungenkrebs, sondern vom Endstadium der COPD. Das ist nur ein Beispiel für die vielen Todeskämpfe, die ich als Pfleger auf einer Lungenfachstation miterlebt habe. Es waren übrigens beinahe ausnahmslos Raucher.

Auf der Kieferchirurgie, auf der ich später arbeitete, werden Rauchern Knochenteile aus der Hüfte herausgeschnitten und als Ersatz für ihre vom Krebs zerfressenen Kieferknochen eingesetzt, oder Darmschleimhaut wird zur Mundschleimhaut umfunktioniert. Ausgemergelte Menschen im besten Lebensalter zwischen 45 und 65 vegetieren mit entwürdigenden Silberkanülen im Rachen auf dem Gang und in ihren Betten. Während eine Hand sich am fahrbaren Tropfständer festklammert, nehmen die Beine Tuchfühlung mit dem Grab auf. So wanken sie wie Zombies, also wie lebende Tote, den Krankenhausflur hinunter zur Raucherecke, um dort ihr letztes bisschen Menschenwürde in Rauch aufgehen zu lassen. Sie beweisen sich und allen, die diesem traurigen Akt der Unterwerfung vor der Sucht beiwohnen müssen, dass sie endgültig verloren haben. **Übrigens** waren 90 Prozent der Patienten Raucher.

Ich habe jede Methode ausprobiert, derer ich habhaft werden konnte und scheiterte hunderte Male – bis ich begriff, dass man Aufhören nicht unvorbereitet angehen kann. Nikotin ist zwar eine mächtige Droge, aber nicht der einzige Grund der Abhängigkeit. Es spielen viele Faktoren bei der Zigarettenabhängigkeit eine Rolle, die alle gleichzeitig bekämpft und beachtet werden müssen. Das ist der Grund, warum es nicht ohne Schlachtplan und langfristige Strategie funktioniert. Ich setzte mich hin und überdachte alles, was ich wusste. Was hat funktioniert? Was war völliger Quatsch? Ich entwickelte diesen Schlachtplan, der jetzt vor dir liegt, und zog ihn gnadenlos nach der Devise „Alles oder nichts“ durch.

Nichtraucher-Tagebuch

Ein Tagebuch hat den Ruf von Teeniegirl-Geschwafel, von wegen: „Heute habe ich ein Pony gesehen, es war sooo süß. Und es hat genauso geguckt wie der süße Ben vom Footballteam, hach." Vergiss es! Dein Tagebuch ist ein Protokoll. Es dient dazu, deine Gedanken zu ordnen, zu reflektieren, deine Schwächen zu analysieren und Strategien zu entwickeln. Deine Einträge enthalten deine Fortschritte, wobei ein Eigenlob nicht fehlen sollte, genau wie deine Bedenken gegenüber den Aufgaben der nächsten Tage und gleichzeitig die Lösungsstrategien, wie du diese Aufgaben angehen wirst. Reflektiere auch die unmittelbare Vergangenheit: Was war schwierig, welche Methode oder welcher Gedankengang hat geholfen, welcher hat geschadet? Was kannst du dir an Hilfe besorgen, wann und wo bekommst du diese Hilfe? Es dient dazu, Gedanken und Gefühle durchs Schreiben sichtbar zu machen und diese zu ordnen. Ich habe lange überlegt, wie ich das Tagebuch gestalten soll. Soll ich dir tägliche Motivationen, Aufgaben oder Ratschläge geben? Ich habe mich gegen jede Vorlage entschieden. Du bist erwachsen und weißt selbst, worum es geht und wann du etwas wie niederschreiben möchtest. Nutze dieses Werkzeug für dich! Schreibe am Anfang mindestens jeden zweiten Tag.

Mein Nichtraucher-Tagebuch

Literaturhinweise

Batra, Anita & Buchkremer, Gerhard: Tabakentwöhnung. Ein Leitfaden für Therapeuten, 2004, ISBN 10: 3170176145

Becker, Jan: Du wirst tun, was ich will. Hypnose-Techniken für den Alltag, 2013, ISBN 10: 3492304109

Bundeszentrale für gesundheitliche Aufklärung: Werden Sie rauchfrei!, https://rauchfrei-info.de/informieren/gesetzliche-regelungen/warnhinweise-auf-tabakprodukten/

Da Silva, Kim: Gesundheit in unseren Händen. Mudras – die Kommunikation mit unserer Lebenskraft, 2008, ISBN 10: 342687394X

Eagleman, David: The Brain. Die Geschichte von dir, 2017, ISBN 10: 3570552888

Hendl, Claudia: Wer lacht, hat mehr vom Leben, 2019, ISBN 10: 3310005143

Hermann, Nadja: Fettlogik überwinden: Eine längst fällige Abrechnung mit den weit verbreiteten Diät-Lügen, 2016, ISBN 10: 3548376517

Heske, Ralf: 4 Fragen, die alles verändern: Das große Praxisbuch für *The Work* nach *Byron Katie*, ISBN 10: 3833873116

Holiday, Ryan & Hanselman, Stephen: Der tägliche Stoiker: 366 nachdenkliche Betrachtungen über Weisheit, Beharrlichkeit und Lebensstil, 2017, ISBN 10: 3959720459

Precht, Richard David: Wer bin ich und wenn ja, wie viele, 2012, ISBN 10: 3442155282

Sprenger-Menlow, Ulrich: Hacking You. Das große NLP Buch, 2019, ISBN 10: 3965830228

Täuber, Marcus & Obermaier, Pamela: Alles reine Kopfsache!, 2018, ISBN 10: 3990600664

Tolle, Eckhart: Jetzt! Die Kraft der Gegenwart, 2010, ISBN 10: 3899013018

Watts, Alan: Zen – Stille des Geistes. Einführung in die Meditation, 2012, ISBN 10: 3899016335

Wikipedia: Nikotinersatztherapie, https://de.wikipedia.org/wiki/Nikotinersatztherapie

Impressum

Helmut Eßer
Am Henschelberg 21,
74821 Mosbach

Originalausgabe
Erste Auflage 2022
© 2022 Helmut Eßer

Covergestaltung: Danileoart, www.danileoart.com
Satz und Layout: Danileoart

Rechtlicher Ausschluss

Dieses Buch einschließlich aller Inhalte ist urheberrechtlich geschützt. Alle Rechte vorbehalten. Nachdruck oder Reproduktion (auch auszugsweise) in irgendeiner Form (Fotokopie, Druck oder weitere Verfahren) sowie die Einspeicherung, Verarbeitung, Vervielfältigung und Verbreitung mithilfe elektronischer Systeme jeglicher Art, gesamt oder auszugsweise, ist ohne ausdrückliche schriftliche Genehmigung des Autors untersagt. Ebenso sind alle Übersetzungsrechte vorbehalten.

Die Benutzung dieses Buches und die Umsetzung der darin enthaltenen Informationen erfolgt ausdrücklich auf eigenes Risiko. Der Autor kann für Schäden jeglicher Art, aus keinem Rechtsgrund eine Haftung übernehmen. Rechts- und Schadenersatzansprüche sind ausgeschlossen. Das Werk und alle seine Inhalte wurden unter größter Sorgfalt erarbeitet. Trotzdem können Druckfehler und Falschinformationen nicht 100-prozentig ausgeschlossen werden. Der Autor übernimmt keine Haftung für die Aktualität, Richtigkeit und Vollständigkeit der Inhalte des Buches. Ebenso nicht für Druck- oder Schreibfehler. Es kann keine juristische Verantwortung sowie Haftung in irgendeiner Form für fehlerhafte Angaben und daraus entstandene Folgen vom Autor übernommen werden.

ICH BIN NICHTRAUCHER.
ICH KAM ALS NICHTRAUCHER AUF DIE WELT.
DAS IST MEINE WAHRE PERSÖNLICHKEIT.

Printed in Poland
by Amazon Fulfillment
Poland Sp. z o.o., Wrocław

18578590R00112